岩波現代文庫／社会 279

老いの空白

鷲田清一

岩波書店

はじめに

幼くしてあることと老いてあること、つまりは人生というものの入口と出口、それをくぐり抜けるのが、とてもむずかしい時代になっている。とりわけ〈老い〉の現実はいま、どう考えても、きびしさ、惨めさ、なさけなさのほうが、誇りや満ち足りをしのぐ。日本社会は、「超高齢化社会」という現実に、それも他に例をみない速度で直面しつつあり、これまでの人類史に参照すべきモデルのない時代を迎えている。が、〈老い〉のかたち、〈老い〉の文化が、〈老い〉そのものの内にも外にも見えない……。〈老い〉は空白のままである。その空白のなかに、高齢人口がどんどん流れ込み、〈老い〉はその存在が「問題」としてしか問題にされない。それほど〈老い〉の空白はきわまっている。

〈老い〉の文化は、文化であるかぎり何十年の単位で変わるものではない。いいかえると、〈老い〉の空白には、そのように空白でしかありえていない歴史的事情がある。

わたしたちの社会のばあい、たとえば西欧社会より五倍のスピードで平均寿命を伸ばすことになったと、統計は語る。〈老い〉の意識も、あるいは高齢者介護の制度も、十分なかたちをとらないままに、平均寿命だけは一気に伸びた。そのなかで〈老い〉を、高齢者が、あるいはそのひとを取り巻く家族がきちんと受けとめる余裕もないままに、高齢化社会は進行してきた。過去の〈老い〉の文化にいろいろ学びながらも、これまでとはまったく事情の異なる時代のなかであらたに〈老い〉の文化をつくりあげる前に、介護問題、福祉問題など、〈老い〉のきびしい現実は待ったなしにやってきている。わたしたちはそれをくぐり抜けねばならない。その間の過渡期の苦しい時代がこれから長く続くことになるだろう。わたしたちはこのずれをこれまで目の当たりにしてきたし、これからもしばらくか、もしくはずっと長く、生き抜かねばならないだろう。

〈老い〉のかたちはこれから長い時間をかけてつくってゆかなければならないだろう。それは、人類がこれまで知ることのなかった未曽有の経験である。モデルは過去にはない。そのためには、壮年（労働年齢）をモデルとした社会構成から軸を移した別の社会が構想されねばならない。そういうフェイズに人類は入ってきている。〈老い〉はその意味で、ものすごくラディカルな、つまり社会にとって根底的な問いとして、いま立ち現われている。

目　次

1　〈老い〉はほんとうに「問題」なのか？

あたりまえの視点

〈老い〉が空白のままである——。こう書くと、おそらく、「超高齢化社会」といわれる現代ほど〈老い〉の問題がきわだってきている時代はないと切り返されるにちがいない。そして、三人に一人が六十五歳以上の高齢者で占められるきびしい時代がすぐそこまで来ている、と。

〈老い〉は、「少子高齢化社会」という言葉とともに、わたしたちの時代が抱え込んだ深刻な「問題」として論じられることが多い。わたし自身も、歳とともに、たしかに老い衰えは否みようのないものになってはきている。が、これが「問題」だとは、わたしはおもわない。わたしが、そして身のまわりのひとが、何らかのかたちでこれを引き受けてゆかざるをえない、ただそれだけのことである。

だれもがそれぞれにそれぞれの〈老い〉を迎える。時があっというまに過ぎる、そんなひたむきの生活を送っているひともいれば、一日一日をしのぐことそれじたいが鈍く、重くのしかかっているような生活もある。それは若年であれ、中年であれ、老年であれ、変わりはない。また、幼くして老け込んでいるひともいれば、いつまでも子どものように幼いひともいる。生きるということは日々老いるということでもあり、人生において〈老い〉はことさらに言挙げされるような特別なこととはおもわれない。

そう言うと、「介護」という大きな問題があるという、さきほどもふと聞こえた声が迫ってきそうだ。たしかに、「介護問題」をはじめとして高齢化社会がもたらすさまざまな「問題」について、何事か新聞や雑誌が報道しない日はないくらいである。が、これは「課題」ではあっても「問題」ではない。

長寿化の達成とともに、「社会の一線」からリタイアしてからの時間がその「一線」にいる時間にほぼ匹敵するくらいに長くなったというのは、たしかに、人類がその歴史のなかではじめて経験する事態ではある。それが、人口構成のアンバランスと同時に起こり、そのような状況にどのような社会の仕組みで対応するのかという意味では、たしかにそれは人類史の「課題」ではある。が、それは取り組むべきテーマではあっても、「問題」ではない。

「問題」は、起こらなければそれに越したことはない厄介なもの、面倒なもので、それには解決策を見いだすことがなんとしても必要だ。だが、「課題」はそういうものではない。「課題」は、それと取り組むことそれじたいに大きな意味がある。解決とか正解とかがあるのではなく、それとどう向きあうか、それをどう引き受けるか、そのかたちが、(「問題」のばあいの「解決」にあたる)「課題」への「取り組み」そのものなのである。

個々のケースをとってみれば、かつても介護はしばしば「問題」にはなっただろう。が、「社会問題」としてではない。子どもを育てるのも、病人を看病したり介抱したりするのも、家族や地域でおこなう「世話」といういとなみであり、お年寄りの世話もそれと格段に違っているわけではない。お年寄りには多くのばあい介護が必要であろうが、だからといって老人介護は特別な「問題」なのではない。老いたときと同様、わたしたちは幼いときにも要介護の状態にあり、病気をしたとき、出産のとき、障害をもつときにも同じような状況に入る。ときに悲惨としかいえないような追いつめられた状況も、多くのひとがそれぞれ身近なところで眼にもしている。が、これは、子どもとのつきあいのやっかいさと楽しさ、夫婦関係の悲喜こもごものもつれ、それと異なるところはない。家族に老人がいるからといって、そのことで新たに介護という

「義務」がつけ加わるわけではない。〈老い〉は、ふつうのひともしくはふつうの家族にふつうに訪れることである。

〈老〉とは、〈幼〉とならび、じぶんの力だけではみずからを世話できない状態であるともいえる。〈老〉と〈幼〉は援助の必要なものである。食べ物を手に入れる、寝所を確保する、入浴する、書物や音楽に親しむ、散歩をする……。自立して生きるとはそういうセルフ・ケアができるということである。そういうセルフ・ケアが十分にできないとき、他人の手を借りることになる。セルフ・ケアをケアしてもらうのである。それが通常いわれる介護である。介護を必要としない者が老いて介護を必要とするようになるというより、人間は介護されつつ誕生し、生育し、しばらくのあいだ自立して——これもほんとうは分業というかたちで支えあいのなかにある——、そしてふたたび介護されつつ死にゆく。じっさい、家族のメンバーがたがいに世話をする、心遣いをするというのは、いつの時代にもあることで、共同生活をするとはそういうことである。家族や近隣のひとは身を寄せあって生きる。身を寄せあってというのは、衣食住といういのちの基本をかまいあって、つまりはたがいの身体の世話をしながら生きているということであって、したがって介護というのも育児や看病と同じで、家族がこなす普段の家事がこれまで以上に増すということにすぎない。

そのなかで、世話するひとも別の場面では世話されているにちがいない。たとえば、両親のいない家で留守番している子どもはおじいちゃんやおばあちゃんの仕事を手伝ったり、杖代わりに肩を差し出したりしてきた。逆におじいちゃん、おばあちゃんにおんぶをされたり、おやつを作ってもらったり、昔話を聞かせてもらったりしてきた。一人暮らしのお年寄りにも、地域のなかにいろいろ支えあいのつながりというものがあった。ひとが独りで生きているというのは、思いの外、ふつうのことではないのだ。

こういうあたりまえの視点を、わたしは大事にしたい。

だから問題なのは、それじたい「問題」ではない〈老い〉が、わたしたちの社会では「問題」として浮上してこざるをえなくなった、そのことなのである。〈老い〉について論じるときにも。ということは逆に、なぜいまの社会では〈老い〉はたとえば介護の「問題」としてしか問題にならないのだろうと問うことでもある。〈老い〉がまずは「問題」として浮上してこざるをえなくしているものはいったい何なのか。どういう社会構造の変化によって、〈老い〉がまずは介護を受けることという、こんなみずぼらしい姿をとるようになったのか。そういうかたちで、〈老い〉について問いたいのだ。

「介護問題」としてせりだしてきた〈老い〉

早朝の公園や街路に、昼下がりのスーパーマーケットの休憩所に、〈老い〉が片時せりだす時間がある。地域というよりは社会の隙間とでも言わなければならない場所に、である。一方、アパートの個室に、あるいは病院、施設という、生活感のない抽象的な空間に、〈老い〉が人知れず押し込められていることもわたしたちは知っている。その個室でテレビを相手に一日の大半を過ごす。そしてそのテレビのなかに〈老い〉の場所はめったにない。介護の対象として福祉番組でその「実態」が取り上げられるか、「愛らしいお年寄り」がタレントのように登場する以外には。〈老い〉は「現役」ばかりのひとをのぞけば、まっとうな場所をもたないまま、社会をその断層にそって漂流しているかのようである。いうまでもなく、その漂流のなかに〈老い〉のかたちはない。そして封じられた〈老い〉があらわに社会に出てきて、それに介入してゆけば、「老害」や「お荷物」といったラベルが貼られる。そして〈老い〉の意味は、ほかならぬその漂流するひとたち自身のなかからも浮き立ってこない。場所がないという感情以外には。

〈老い〉の最後の風景を考えてみる。するとまっさきに思い浮かぶのが、病院のベッドの光景だ。自宅療養していても老人保健施設で世話になっていても、最後は病院に送られ、そこで点滴の針や呼吸器の管をからだに挿し込まれ、「治療」という光景のなかで死にゆく。まるで身体の機能が人間の究極の生のかたちであるかのように。身体はそのひとのものではなく、家族のものでもなく、〈生命〉という匿名のものであるかのように。ひとの最期、それは〈生命〉の終わりではあっても、だれかの終わりではないかのように。

こういう〈老い〉の風景が「問題」として取り出されるとき、それはまず、寝たきりや認知症高齢者の介護の問題、さらには高齢者の社会保障の問題としてである。実際、急速な高齢社会化のなかで、その現実に介護の場所も制度も財政もまったく追いついていないし、核家族化した多くの家庭のなかには、両親を迎えるための空間も財力も乏しい。介護施設はまだまだ数もスタッフも不足で入所はむずかしい。いきおい社会的入院が増え、そして二つ、三つの病院で「たらい回し」をされる。生活というにはほど遠い、「身のまわり」を奪われた抽象的なベッドでの生活が、短いサイクルでころころ変わる。そんななかで、家族や施設のスタッフにかける負担を考えると、「可愛いおじいちゃん・おばあちゃん」という、この社会の現役メンバーに受け入れられる役柄を演じるしかない。「いじわるばあさん」が活躍する余地はこの社会にはもうない。〈老い〉は（ひとりひとり別の人生を歩んできたがゆえに）ひとがますます多様になってゆく過程であるのに——性的な嗜好やコンプレックスはとくにそうだ——、「愛らしいお年寄り」か「惨めで痛々しい高齢者」かというふうに、〈老い〉のイメージはますます貧相になっている。

一方、介護をめぐっては「家族」の敷居がまだまだ高く、グループホームなど高齢者の生活地域に密着した介護の試みもみられるが、大半は家族に、それも女性メンバーに、負担が重くのしかかったままである。病院や施設のあいだでの「たらい回し」も、家族の側からすれば、費用のやりくりから頭を下げての次の次の施設探し、それをめぐる家庭内の言い争い……と、心が安まるいとまがない。いわゆる老人虐待の根の一つも、こうした介護の現実に介護の条件や制度がぜんぜん届いていないというところにある。

〈老い〉が「問題」としてせりだしてきたというのは、もちろん急速な高齢社会化のなかで公的年金制度や医療保険制度などが破綻しかけているからであるし、そもそも壮年の労働人口の負担で高齢人口の生活を保障するということじたいが行き詰まっているからではある。それだけではない。すでに年少人口(十五歳未満)を上回っている高齢人口(六十五歳以上)が二十一世紀なかばまでには全人口のおよそ三分の一になる。依然続く高学歴化も勘定に入れるとおよそ労働人口一・五人に一人の老人の社会保障の負担がかかることになる。ここから、現在の労働人口の維持のためには毎年約六十一万人の移民を受け入れる必要があるともいわれる。もちろん高齢者より子どものほうがうんとお金がかかるし、また六十五歳で就労が不能になるわけでもないから、これは、わたしたちの社会が労働のしくみや育児・教育のあり方それじたいを根本から見なおす段階に来ていることをわたしたちに突きつける数字だといえる。

こういうかたちで、〈老い〉はいま「問題」として受けとめられる。しかし〈老い〉はなぜ、それを語るときにまず「問題」としてしか浮き立ってこないのか。〈老い〉は〈幼〉とともに、人生の一季節としてだれをも訪れるものであるのに。

〈老い〉をめぐる固定観念

〈老い〉がまずは「問題」としてしか浮上してこないのは、〈老い〉をほんとうの意味で「問題」にすることができなくなっているわたしたちの社会のあり方からくるのではないだろうか。ひとの支えあいというものが介護というかたちでしか表象されないというのは、〈老い〉にとって不幸なことである。

〈幼〉と〈老〉に共通するのは、いずれも単独で生きることができないということである。いいかえると、他のひとの世話を受けるというかたちでしか存在を維持できないということである。が、その世話が、支えあいというよりも、一方から他方への介護であったり保護というかたちをとるしかないのは、哀しいことである。ひとはただ生きてあるのだけではなく、生きるということ、じぶんがここにあるということ、そのことの意味をも確認しながらしか生きられないものであるのに、介護や保護やときに収容や管理の対象としてしかじぶんの存在を思い描くことができないときには、じぶんがここに生きてあるということについて意味を見いだすのがひじょうにむずかしくなるからである。じぶんはもう消えたほうがいいのではないか、じぶんはお荷物、厄介者でしかないのではないか……と思いつめながら生きるというのは寂しいものである。が、この時代に、そういう思いにとらわれることなく老いえているひとが、はたしてどれくらいいるだろう。

が、この社会じたいが広範な分業のシステムによってなりたっていることからもわかるように、ひとは協同して生きるものである。単独でその生命を維持することができない存在である。社会のなかにあってひとは独力で食糧や衣を手に入れることも住まいを作ることもできない。支えあいというのは、けっして理想なのではなくて、ひとであるかぎり必然の事実なのである。そして〈幼〉と〈老〉の世話が困難をはらんでいるとしたら、それは社会全体が問題を抱え込んでいるということにほかならないのである。支えあいということがうまくできていないのであるから。ということは、〈老い〉の問題はそのままこの社会全体のあり方の問題だということになる。

高齢者についてよく「二十四時間要介護」ということが言われるが、赤ん坊も同じように「二十四時間要介護」である。いや、大人だって家族のなかで、あるいは勤務先で、他人と支えあって生きているのであって、「自立」という言葉はあるごく限られた文脈で用いるべきであり、個人の存在全体を表す言葉としては不適切である。それに、ケアがもっとも一方通行的に見える「二十四時間要介護」の場面でさえ、ケアはほんとうは双方向的である。子どもを育てるなかで赤ん坊の笑顔に救われないひとはいないだろう。高齢で、あるいは重度の障害によってほぼ全面的に他人のケアに依存しているように見えるひとの前でも、いや前でこそ、ひとは「強く」あろうとしてじぶんがこれまで押し込め、抑えつけてきたじぶんのなかの「弱さ」に気づき、それに素直に向きあえるようになる。そう、じぶんという存在を頑なにしてきたこわばりが解《ほど》かれるのだ。

この背景には、それぞれじぶんがだれか、何を望んでいるのかさえ不明であるということがある。そういうじぶんについて不明な者どうしが絡みあい、支えあって生きているのが、わたしたちの共同生活である。「自己決定」をするにはわたしたちには見えないものが多すぎるのであり、じぶんについてさえ「責任」をとりきれないのがわたしたちなのである。〈老い〉や〈幼さ〉だけが、じぶんで担いきれないものなのではない。

じぶんでじぶんのことが担いきれない、そういう不完全な存在という意味では、だれもが傷や病や障害をふつうのこととして抱え込んでいる。そういう視点から法や社会制度のあり方を見なおすことのほうが、〈老い〉の「問題」の対策よりも先に求められている。

〈老い〉はいま「〈養う者―養われる者〉という二分法的な社会的カテゴリー」（栗原

彬）のなかに収容されており、老いる者が受動的な存在であること、〈老い〉が他律的なものであること（「従順で愛らしい老人」）が強いられている。要は、高齢者はこの社会では受け身であるしかない。このことが介護の問題を「負担」という「問題」として提起させているようにおもう。

栗原彬はこのことにふれて一九八〇年代にすでに書いていた。

「かつて、人が〈老いる〉ことも、学ぶこと、遊ぶこと、働くこと、病いを癒すことと同じように、家族や地域の人々の共同の機能であった。生産力主義が、これら共同体のかつてもっていた共同性の機能を吸い上げて、それらを専門分化した制度に明け渡したとき、〈老いる〉をめぐる諸機能もまた、その専門組織の手にゆだねられた。人は、学校から教育を受け取るように、老人福祉の制度からあらためて専門化されたケアを受け取ることになる。」（「「老い」と〈老いる〉のドラマトゥルギー」、《老いの発見》1・『老いの人類史』（岩波書店）一九八六年所収）

いずれあらためて見ることになろうが、《生産力主義》というのは、ものの価値をその生産性から測る、あるいは〈いのち〉の本質を生産にみる、そういう見方であって、その意味で「若さ」がその活力において愛でられ、〈老い〉は遠ざけたいもの、回避したいものとされる。「老残」「老醜」「老廃」という言葉にもみられるように、〈老い〉は〈死〉と近接した、あるいは醜さ、汚れ、愚かさ、乏しさ、弱さ、遅さ、つまりは退行性のなかに埋もれた、おぞましいものとされる。〈老〉と〈幼〉に、外部から、つまり「成人」の側から、そのようなイメージが貼りつけられてきたのだ。そして生産するかぎりでの〈いのち〉の秩序のほうにそれを回収するために、「老残」「老醜」「老廃」を脱臭した「愛らしい」老人と「愛すべき」子どもというイメージのなかに〈老〉と〈幼〉を閉じ込めようとしてきた。そのなかで〈老い〉は、保護や介護、ときに収容や管理の対象とみなされてゆく。年老いて、じぶんはもう消えたほうがいいのではないか、じぶんはお荷物、厄介者でしかないのではないかと問わないで生きえているひとは、（じぶんをもう若くないと感じる若者もふくめて）たぶん少なくない。無力、依存、あるいは衰え、そういうセルフ・イメージのなかでしか〈老い〉という時間を迎えられえていないということが、わたしのいう、〈老い〉の空白でなくていったい何だろうか。

この社会において、いま、〈老い〉をめぐる問題とされていることが、ほんとうに問題なのだろうか。〈老い〉の現実を「問題」とするそのなかに、じつは〈老い〉についてのすごく狭い固定観念がはびこっているのではないか。

高齢者介護の歴史的経緯

それじたいとしては「問題」でないその〈老い〉が「問題」としてせりだしてくるのは、それがその当事者自身によってではなく、介護する側からばかり語られるようになったからである。〈老い〉という人生行路ではあたりまえのことが、現在、深刻な「問題」として浮上してきているのは、だから、これまたそれじたいとしてはあたりまえのその介護に無理がかかるような状況があるからである。厳しい「負担」として介護を担わねばならない状況があるからである。

そこで序章とでもいうべき本章を閉じる前に、高齢者介護の現況、あるいはもっと広く、ケアといういとなみの歴史的な境位について考えるところを、ざくっと記しておきたい。そして続けて、それとは異なる歴史的境位——といってもそんなに遠い昔ではない大正期の話なのだが——における介護の例を一つ、現在のそれと対照するために挙げておきたい。現代という時代の〈老い〉についての固定観念を解体するために。

高齢者介護は、今日「ケア」という語で括られるいとなみの一つである。「ケア」とは、(日本語でいう)世話や気遣いや配慮といった意味の広がりをもつ英語である。

「ケア」という語は、育児や介護・介助、看護、教育など、他者による介添えを必要としているひとの世話という活動ないしはサービス業務を包括する上位概念として、とくに一九九〇年代以降、福祉事業者や人文・社会科学者のあいだでとみに使用されるようになった。この背景には、かつて地域でなされていた育児支援や障害者介助、高齢者介護などの支援活動（サポートやアシスト）の従来とは別のあり方が社会ののっぴきならない課題として浮上してきたことが、少子高齢化のみならず地域コミュニティの弱体化ないしは解体と深く連関していて、それゆえにそれらを統合的に見ていく必要が出てきたという事情がある。

かつて育児や介護は、家族の課題というよりはむしろ地域コミュニティのメンバーが表になり裏になって支えてきた。戦後日本の社会においては、福祉を担うそのコミュニティが、地域ではなく〈会社〉と〈核家族〉の二極へと求心化してきた。地縁よりも社縁、（最小単位の）血縁へ、というかたちである。これと並行して、労働人口の都市部への大量流入にともなう大型郊外住宅地の開発が進むとともに、農漁村部では過疎化が進み、さらに大型商業施設の規制緩和とともに市街地もシャッター街化し、従来の地域コミュニティが急速に弱体化していった。そうしたなか、長寿化もまた急速に進み、家族による介護の負担は長期化し、重度化していった。

そこで九〇年代から、そのような逼迫した介護の現実に対応すべく、ホームヘルプやデイサービス、特別養護老人ホームなど高齢者福祉サービスの拡大が試みられた。そして一九九七年に成立した介護保険法をもとに、二〇〇〇年に介護保険制度が実施されることになった。年金制度が、従来家族によって担われていた高齢者の経済的な扶養を脱家族化して、社会的なコストとしたものであるとすれば、介護保健制度は、これまで家族によって担われてきた介護を外部化し、そのコストを社会的に負担する仕組みといえる。介護保険にはまた、経費が増大する一方の高齢者医療から介護を切り離し、福祉の世界に「受益者負担と独立採算制という、かつてなかったルール」(上野千鶴子『ケアの社会学』(太田出版)二〇一一年)を持ち込むという意味があった。この制度によって「要介護高齢者」という社会カテゴリーが生まれ、それとともに介護・介護支援のマネジメントに専門的にあたる介護支援専門員(通称、ケア・マネージャー)といった新しい職種が登場し、その介護サービス業務に企業も組織的に参入して、介護が一つの巨大な市場を形成するようになったのである。

〈ケア〉についてのこれまでの語られ方

ケアは、ケアを必要とする者とケアを提供する者との相互行為としてある。その意味でそれはたしかに社会関係ではあるが、こうした相互行為には、そしてその語られ方には、単純に相互性によっては規定できないいくつかの歪《いびつ》さがこれまであった。

介護の社会化という転換が、直接には閉鎖された家族介護の重度化とその破綻に由来するという事情もあって、介護はこれまでもっぱら介護する側から語られてきた。老いとはほんらい人間がずっと時代ごとにさまざまなかたちで向きあってきた、ひとにとっての自然過程であるのに、老いとその介護がまるで現代社会の「問題」であるかのように語りだされるのは、先にも述べたように、その語りが介護する側からばかりなされてきたからである。ケアが相互行為である以上、介護の受け手も当事者の一項であるはずなのに、そこには介護される側から発せられる言葉は乏しかった。介護される側と介護する側の関係はケアの語りのうえでもきわめて非対称的であった。

このことに関連して、ケアの意味、ケアが抱え込むディレンマについての語りはしばしば、ケアする者／ケアされる者の「一対一モデル」で語られてきた。介護は、排泄、入浴、食事などきわめて濃密な身体接触を媒介とする他者のケアであるから、介護される側のみならず介護する側をもその関係に深くインヴォルヴしてゆく。弱さをさらけ出しているひとの前で、みずからの弱さを抑えつけ「がんばって」きたケアする者自身がその無理を解かれるといった、まさにケアする者がケアされる者に逆に癒されるといったケア関係の反転が指摘されることがあるが、しかしそれはケアする者の「特典」にすり替えられてはならない。ケアする者に労働以上の意味を与え、その自発性に訴えかけることで、逆に労働としてのケアの条件の改善要求を「自発的に」しぼませることにもなりかねないからである。ケアすることの意味についてのケアする側からの発言にはケアする側のパターナリズムが色濃く反映し、結果としてケアされる側に沈黙を強いることにさえなる。そういう意味で、要介護者、さらにその家族・関係者ら、もう一方の当事者の声が十分に掬《すく》い取られねばならない。ケアという関係は、複数のアクターの錯綜する関係であり、それとともに、語らい、気遣い、世話、業務、感情労働といった対面コミュニケーションの諸位相が積層する関係でもあるのだ。

さらにもう一つ、ケアの語られ方について見過ごされやすい位相がある。ジェンダーバイアスといわれるものである。ケアを語るにあたって、これまで実際のケアが執拗にジェンダー化されてきたことが、十分に語られ分析されることが少なかった。閉じられた家族介護の破綻という現実は、男性＝稼ぐひと（世帯主）／女性＝家族を世話するひと（被扶養者）という性役割分担にもとづく近代家族の表象によって固く枠取られ、そのなかでケアは圧倒的に女性（妻・娘・嫁）の役とされてきたことに起因する。老老介護であれ、母―娘、母―嫁の介護関係であれ、閉塞、つまりは代替要員の不在という現実――夫・妻は介護を独りで限界ぎりぎりまで背負い込むことを義務と受けとめ（「世間体」、あるいは家族の愛情というイデオロギーの過剰な規範性）、娘は母―娘の関係が再現されることに苛立ち、嫁は「嫁」という役割に押し込められることに苦しむといったふうに、ケアという相互行為には恒常的なストレスがかかる――が、家族介護における「共倒れ」や虐待、介護過労死、またその裏面としての孤独死を招いてきた。こうした現実を踏まえて介護の社会化の必要が声高く叫ばれるようになったのである。

しかしケア・サービスが社会的な次元に移し置かれたからといって、問題がすべて解消するわけではない。サーブ（尽くす）という関係においては、サービス（奉仕）がサービチュード（隷従）に反転する局面が数多く見られる。ケアの現場は、ケアという行為そのものが暴力すれすれの危うさを隠しもつだけでなく、ケアが暴力そのものに反転してしまう可能性を拭うことのできない空間でもある。ケア・サービスという関係には、サービスの受け手はそこから下りられないが、与え手は下りられるという非対称性があり、そこにサービスが権力関係へと転化してしまう契機がある。そもそも介護を受けるということは、それじたいが本来他者に秘匿してきたみずからの身体のケアを、否応なく他者にゆだねるということを含む。いいかえると、自己の身体を無防備にさらけ出さざるをえないということ、そういう徹底した受動性にすでに、他者からの侵蝕を受けるという「暴力性」が織り込まれている。

そうした状況下でひとは「こんなことまでしてもらって申し訳ない」とおもうがゆえに、その辱めを辱めとして口にすることはできない。つまり、他者から介護を受けるという受動性に孕まれた暴力性はこのように、それを口にできないということで二重にならざるをえない。介護を受ける者はそれがどういうことかわかっていても、介護を受けざるをえない以上、そうした二重の暴力性は介護される側が身をもって引き受けるしかない。しかもその間に「お世話になって申し訳ない」「肩身が狭い」、さらには「じぶんは厄介者だ」「生きていてもしようがない」という蔑みはだんだん深まってゆく。その蔑みはときに鬱憤《うっぷん》ややり場のない怒りへと反転し、介護する側に向けて放たれもする。辱めを口にできない被介護者の鬱屈がこうして攻撃へと転化すると同時に、介護者もまた、「優しさ」「暖かさ」「倫理」といった福祉イデオロギーに包摂されるなかで、誰彼にも等しく「親密に」接しなければならないという強迫に駆られ、そのような強迫がこんどは被介護者の現実との落差のなかで暴力へと反転してしまうこともある。

あるいは、ひととしてぎりぎりの矜持をやむをえず手放さざるをえない要介護という状況にあって、サービスの受け手はその苦痛を表出することじたいをみずから抑圧する傾向があるが、これがときに拒絶の表現となり、そうした受け手の側の「不適切」な表現が根拠となってこんどは介護者による身体拘束が正当化され、それに直面した患者はその内部世界へさらに深く閉じこもることになり、その姿が医師や介護者によって「妄想」という位置づけを受け、重症病棟への収容が決定される……。こういう逃げ場のないループが、高齢者介護の現場、とくに認知症介護の現場にはしばしば見受けられる。このように高齢者と介護提供者の関係が、まるでお互いに棘を刺しあう「ヤマアラシのような状態」(天田城介『〈老い衰えゆくこと〉の社会学』〔多賀出版〕、二〇〇三年)に陥るのは例外的なことではない。

介護の社会化(サービス業務化)は、かつて家庭内でのシャドウワークであったケアを「他者に移転可能な行為」、つまりは労働として捉えなおすことで一気に加速されることになったが、それは、ケアするひととケアを必要としているひととを、サービス提供者とサービス消費者、つまりは専門家と顧客たちの関係のなかに置くということである。しかし、ケアをニーズに応えるサービスという視点から捉えることには落とし穴もある。サービスを受ける側をサービス消費者、つまりは顧客とみることで、与え手を問題解決者、受け手を「世話されるべきひと」として規定し、受け手の存在を受動化してしまい、そのセルフ・ケアの芽を摘んでしまいもするからである。受け手その人の社会的な存在意味を殺《そ》いでいき、ますます生きがたくする、そういう意味で、「専門家サービスは人を無能力化する援助にもなりうる」(イバン・イリイチ他『専門家時代の幻想』〔新評論〕、一九八四年)。

介護保険制度導入後の現場での具体的な課題も数多くある。たとえば要介護認定の作業や介護報酬という形でのサービス業務の点数評価化が、中央集権的に管理されることで、その認定やサービス提供が機械的なものとなり、ケア・マネジメントが本来もっているはずの、対面的で柔軟な幅広いサービスの提供という長所が活かせなくなる。あるいは、たとえば高齢者のメディカル・ニーズについては看護職が中心となって対応、ソーシャル・ニーズについては福祉職が中心に対応といった整理のされ方に象徴的にうかがわれるように、制度の導入が業「界」を限り、業務自体を縦割りにしていく。しかしケアにおいては、ケアの受け手のニーズは個々の状況に応じて多様かつ複合的であるから、業「界」はむしろクロスオーバーしていくべきで、「重複よりもすき間ができてしまうほうが問題」である（広井良典『ケア学——越境するケアへ』〈医学書院〉、二〇〇〇年）。

介護保険制度は、それまで家族で引き受けさせられてきたさまざまなケアを家族という私的領域から外部へと広げてゆくことで介護の社会化に向かってきた。だからこそ、サービスの受け手の社会活動を制限しがちな施設でのケアを超えて、ケアをめぐる新しいコミュニティのかたちがいっそう広く模索されねばならない。哺乳類は一般に親（先行世代）が子（後続世代）を世話するという子育ての活動をおこなうが、人類だけが後に生まれた者が先に生まれた者を世話するというケアの文化を培ってきた。その意味で、ケアの文化をこれからさらにどう構築していくかには、「ケアする動物」としての人間の文化の未来がかかっているともいえる。

かつてこんな〈老い〉があった

いまからおよそ百年前、一九一〇年代のことである。いや、地方であればつい最近まで見られたことかもしれない。農村にはこんな家族の情景があった。宮本常一が『家郷の訓』のなかで「年寄と孫」と題して語りだしているものである。

若い妻にはやがて子が出来る。しかしこの母親は毎日家を外にして働かなければならない。朝早く出て行くと昼飯の支度にかえるまでは山にいる。昼飯がすめばまた山である。その間子供は老人のいる家であればばアさんが世話をする。それのいない家では子守をやとう。たいていは親類の娘子どもである。これには別に賃らしいものもやらなかった。私も親類の子などに負われたことがあるというが、私の家には祖父も祖母もいたので老人が一番多く面倒を見た。このようにして六、七歳になるまでは通常祖父母のもとで育てられる。……

隠居のことをヘヤと言った。隠居は男が六十一歳になるとたいてい行なうものである。六十一の本卦《ほんけ》がえりの祝を華々しく行なうと、それから後はヘヤ住いである。女の方からいうとシャクシワタシである。シャクシをわたすともう家の俵《ひよう》戸棚《とだな》(米その他の穀物が入れてある)の戸には手をかけなくなる。主婦のゆるしなくしてこれに手をかけるともめごとが起きる。そこで婆さまたちはたいてい苧《お》績《う》みをして小遣いをかせぐ。爺さまの方は主として菜園の手入れをする。これはなかなか重要な役目である。野菜類の種子物《たねもの》箱はたいていヘヤの棚の上においてある。また筵《むしろ》織り、菰《こも》編み、草履《ぞうり》作りなどの藁仕事も多く老人の役目である。そうして五月とか十月とかの秋仕のいそがしい時やコンノウ(米麦調整)の時には田畑の手伝いをする。隠居したからとて楽をするのではない。仕事の分担がかわるのである。だから老人のいない家は実に困る。

さて、私も幼少の折ヘヤで育てられた。祖母は無口な人であったから、祖母についての印象は比較的少ないが、祖父は剽軽な人で働き者で話好きで唄好きであったから実によく印象に残っている。そして四つ位の折から祖父につれられては田や畑に行った。その往復に際して荷のない時は、いつもオイコにのせて背負うてもらった。ちょうど猿曳《さるひき》の猿のように。これが実に嬉しかったものである。

山へ行くと祖父は仕事をする。私は一人で木や石を相手にあそぶ。山奥の方まで行ってあわてて畑の所まで来て祖父の働いているのを見てホッとする。気の向いた時は草ひきの手伝いをする。

「おまえが、たとえ一本でも草をひいてくれると、わしの仕事がそれだけ助かるのだから……」

と言って仕事をさせるのである。そのかわりエビ(野葡萄《のぶどう》)やら野苺《のいちご》などよく見つけて食べさせてくれる。野山にある野草で食べられるものと、食べられないものと薬用になるかならぬか、またその名や言い伝えはこうして祖父に教えられた。

戻って来ると、夜はかならず肩をたたかせられる。また足をもまされる。そのかわりに昔話をしてくれる。これがたのしみで、祖父に抱かれて寝ては昔話をきいた。その記憶しているもののみを先年書きとめてみたことがあったが相当の数になった。しかし実はどうも忘れた方が多いようである。がとにかくずいぶん沢山の話をきいた記憶がある。この話がききたさに肩を叩く。ところが話の方は皆きいてしまわないうちにねてしまう。

一九五〇年代の終わり頃、夏休みに母の実家のある岐阜に行ったとき、祖父に「たあけぇ」（たわけ）とこづかれながら、夜ごと、布団の中で昔話を聞いたおぼえがわたしにもある。酒好きの祖父で、肝臓を病んで死んだが、なにか内職をしているかとおもえば、ふと姿が見えなくなって夕暮れに河で釣った鮒をぶら下げて家に戻り、それをじぶんで捌き、わたしを膝に乗せて、あいかわらず「たあけぇ」と頭をこづきながら、夜遅くまでちびちびとやっていたのを、ぼんやりと憶えている。だから、宮本の描く農村の情景はしっかりからだの記憶にある。とすれば、こうした年寄りと孫の関係は、一九五〇年代まではたしかにありふれたものとしてあったといえる。たった半世紀前のことである。その祖父も六十過ぎで亡くなった。

祖父がじぶんの人生に納得していたのかどうか、わたしは知らない。が、そこには祖父の場所というのがたしかにあった。孫の場所というのもたしかにあった。じぶんの家にはないそういう場所にとまどいながらも、わたしは満ち足りた時間をそこで送れたのだとおもう。

そういう場所が、いま〈老い〉を迎えているひとにはたしてあるだろうか。〈老い〉の場所はない、ほとんど空白になっているというのが、寂しいけれどいまの〈老い〉のかたちなのではないか。そういえば、「居場所」というものに、この時代、老人だけでなく若者もまた渇いている。

2　できなくなるということ

かに入ることにしよう。

〈老い〉の重なり

〈老い〉とはひとにとって、はたしてどういう事態のことなのか。そろそろ問題のなかに入ることにしよう。

〈老い〉というのは、ふつうはそれぞれの生の後半に現われてくるものではある。いのちあるものの定めとして。しかし、人間においては、食が単純な栄養摂取にすぎないのではなくマナーや調理法、味、さらに摂食障害といった文化によって多様に構造化されているように、あるいは性が繁殖のための生殖行為にすぎないのではなくファンタジーや快楽、エロティシズム、さらに倒錯といった文化によって複雑に編まれているように、〈老い〉も単純に生命過程のある段階でその衰退として現われてくるわけではない。現代社会にみられるように、〈老い〉が成長期のひとに深く訪れるということもある。〈老い〉もまた文化のなかに、あるいは文化としてあるのだ。

が、〈老い〉を文化として考える前に、生命過程としての老化そのものが相当に難解な現象であるらしい。生体のなかで自己の発生や分化ではなく、その崩壊をこそプログラムしているものがどういうものかについては、ひとりの免疫学者が研究の現状報告のかたちで、つぎのように書いている。

個体の老化の中に含まれる免疫系の老化にも沢山の「入れ子」構造が認められ、どこまでむいても皮ばかりのラッキョウのように、老化の本質は現われてこない。その上困ったことに、それぞれのレベルでの変化をつなぎ合わせるような基本的な法則がみつからない、各段階での変化はばらばらに、不連続に、起こってくるのである。

私たちが「老化」の研究を通してこの数年間に理解した最大の事実は、「老化」という生体変化の持つ「多重性」「不規則性」「不連続性」である。それは、個体発生や分化といった従来の生物学の対象の持っている「規則性」「連続性」といった生命の神秘とは対蹠的な、統合性を欠いた醜悪な現象の集合に過ぎないのである。それにもかかわらず、時とともに個体は必然的に老いて死ぬ。大システムは小システムの崩壊を内蔵しながら自分も崩れ去る。これまでの「老化」の研究は、微視的にせよ巨視的にせよ、この不連続な現象のどこかを目撃し、記載するのに過ぎなかった。

（多田富雄「老化と免疫系」多田富雄・今村仁司編『老いの様式――その現代的省察』〔誠信書房〕一九八七年所収）

「入れ子」構造ということで、生物学的にみた老化というものの多重性を指摘しているのだが、この免疫学者は生命科学にしばしばみられる頑なな《還元主義》から遠く離れたところに立って、そういう「老いの中の老い」ともいうべき構造に、老いの認識の多重性という視点からもふれている。

老いの多重性を教えるもののひとつに、能の登場人物がある。たとえば「関寺小町」というお能は、能の中でも最高の秘曲とされていてめったに上演されることがない。ここではかつては嫋嫋たる美女であり才媛であった小野の小町が百歳にも余る老女となって、衰えはてた老残の身をさらしている。関寺の鐘の音が諸行無常と鳴ったところで聞こえぬ耳には何の益もなしという老いさらぼえた小町が、「また故事《ふるごと》になりゆく身の、せめていまはまた、初めの老いぞ恋しき」と述懐するところがある。

ひとは皆たえまなく新しい老いの段階に直面してゆく。その老いの波を重ねてきた現在からみると、初めて自分の老いというものを発見してショックを受けたあのときのことまでが、いまとなっては懐かしい、というほどの意味であろうか。このように、老いには常に新しい老いが重なり、多重構造を作ってゆくらしい。老いのまた老いというのを重ねながら人は本当に老いてゆくのである。

ここで重なるとされているのは、はたして〈老い〉そのものなのだろうか。重なるのは、〈老い〉というよりもむしろ、なにか、ある力の減衰という事実なのだろうか。このようなことを問うのは、〈老い〉というのは「老いの意識」のことかどうかをまず問題にしたいからである。〈老い〉が「老いの意識」のことだとすれば、〈老い〉の重なりとは老いたという意識の重なりのことになる。しかし、老いたという意識は、不意を打つようにして訪れるものである。不意に訪れるのは、意識の〈外〉というものがあるからである。とすると、「老いの意識」はその〈外〉にあるものの老化という事実からくることになる。いいかえると、〈老い〉は「老いの意識」には還元できないことになる。

右で多田富雄は、〈老い〉に〈老い〉が断続的に重なるのだと書いていた。そのかぎりで〈老い〉は、くりかえし、断続的に意識される。その意識を折り重ねるようにして、である。それをいいかえると、〈老い〉は時間の連続的な流れのなかでではなく、その隙間もしくは断裂のなかでふと意識されるものだということである。そのとき〈老い〉じたいが連続的か断続的なのかは、意識のほうからは言えない。

しかし他方で、〈老い〉はたしかに、「老いの意識」というものをきっかけにして、あるいは「老いの意識」のなかに、現われてくるものである。多田のいう〈老い〉の多重性は、あくまで「老いの意識」の多重性ということでもあって、「老けたな……」とふと意識されることのない〈老い〉というものは考えにくい。

〈老い〉の気づき

〈老い〉は、何かをできなくなっているじぶんというものへの気づきをきっかけに現われる。疲れやすくなった、字が見えにくくなった、忘れっぽくなった、酒が弱くなった、無理ができなくなった……。ふと気がつくと、何か装置をつけないとこれまでのように世界とかかわれないじぶん、何かをするときにやむをえずいつも控えめにしているじぶんがいた、というふうに。

そういう意味での老けたという意識、衰えの意識が、そこにはある。しかし、衰えは過去のいつかある時点でのじぶんとの比較で感じるものである。ああ、あれができなくなった、これもできなくなった、というふうに。そのかぎりでは「老いの意識」を単純に断続的ということはできない。衰えを意識するのは断続的であるにしても、なんらかのかたちで、みずからのうちに時間的な持続が感受されているのでなければならない。

しかしこれは、意識の連続性とはただちにはいえない。わたしたちの意識は日々長く「眠る」ものであるし、何かの作業に没頭しているとき、憑かれたようにさまよい歩いているときには、文字どおり「夢中」に在る。憑かれる(possessed)というのは自己が他なるものに所有される(possessed)ということであり、ここでも少なくとも自己についてのリフレクシヴな意識というものはいわば「眠っている」。そういう意味ではひとはじぶんにも、「ふと我に返る」というふうに断続的に出逢うのかもしれない。

断続的ではあってもしかし、「我に返る」というのは自己に帰ることである。つまり、同一のものがそこには回帰してくる。では、この同一性の意識はどこからくるのか。どこに根をもっていると考えられるのか。これはなかなかに難しい問題である。「眠る」、つまりそのはたらきが途切れるのであるから、それは〈わたし〉という、意識する主体の意識の同一性に還元できない。それはその同一性を説明するためにその同一性をもちだすことにしかならないからだ。

では、わたしは〈わたし〉として途切れたあとに、その〈わたし〉を同じものとして、どのように捉えなおすのだろう。身体が同じであるということを見いだすことによってだろうか。おそらくそうではあるまい。そうではあるまいと言うことで、細胞をはじめとする生体組織が刻々と変化しているという生理学的な事実を反証として挙げようというのではない。わたしたちはそういう科学的な知識を手に入れる前に、身体を同じじぶんの身体として知っているからである。が、しかし、同じものとして見いだすその身体は、〈わたし〉がそれであるひとつの物（＝対象）としての身体の同一性にもとづくものではないだろう。というのも、わたしが物として知覚的に見いだす身体は、情報としてはかなり乏しいものしか与えてくれないからだ。他人がわたしをわたしとして認知してくれるその顔を、あるいは後ろ姿を、わたしは見たことがないという事実ひとつとっても、それはあきらかだ。だから身体を同じ身体として見いだすとしても、それは物(＝対象)としてあるような身体としてではない。

このばあいの身体というのは、知覚や行動の類型性ということにかかわる身体である。つまり見る、聴くといった、あるいは動く、触れる、押すといったかたちで、さまざまに世界にかかわりゆくときのその様相が同一である、あるいは同一の仕方で反復可能であるということであろう。世界が同じだということも、身体が同じだということも、こういう、いつものように「できる」という、知覚と行動の風景のなかで成り立つものなのであろう。

この、いつものように「できる」(Ich kann)ということのうちに世界への意識の基盤を見いだしたのが、フッサールの現象学であった。とはいえ、「できる」ということの主体はつねに「わたし＝自我」(Ich)であるとはいえないであろう。それは「わたし」よりもおそらくは古いわたし、フッサールの発想を引きつぐかたちでメルロ＝ポンティが「自然的なわたし」と名づけた、わたしがそれを「わたし」として意識する以前にいつもすでにはたらきだしているある無名の動性のようなものであろう。それと意識された「自我」としてのわたしは、その「できる」ということがむしろ滞ったときに、「かつてできたわたし」としてむしろ遡行的に意識されるものであろう。そしてそれは、ベルクソンの言葉を借りていえば、「回想的錯覚」でもありうる。

できなくなったという意識

〈老い〉というものは、このような「できる」の様相の変容として、あるときふと意識されるものである。

老いるとは、知覚や行動の媒体となる装置をつけないと生きてゆけなくなることだと言ったひとがいるが、知覚や行動の媒体といえばまずは何をおいても身体である。身体が意のままにならず、それをとおしてかかわる世界とのあいだにずれや齟齬が生まれてきたときにふと老いを感じる。が、身体に別の媒体を装着することで、つまり新しいその媒体をおのれの変容した身体に編入することで、少しは関係のずれや齟齬を埋めることができる。そのうちこの新しい身体になれてきて、それを媒体とは感じないような時期がしばらく続く。外界をふつうに意識し、経験しているというのは、その媒体（まずは身体）の存在を意識しないですんでいるということだからだ。眼鏡をかけはじめてしばらくすると眼鏡をかけているということじたいを忘れるように。つまり、新しい媒体が「からだになじんで」くる。新しい「身体の自然」がそこに住み着くのだ。が、しばらくしてふたたびその「身体の自然」はほころびてくる。そのときふたたび老いを意識する。ふたたび世界との交流に齟齬が生じているのを意識する……。こういうくりかえしのなかで、こんどはたぶん別なかたちでも修復不能であろう、という思いも折り重なってゆく。

このように、「できなくなった」という状態をふたたび別のかたちで「できる」状態へと修復することのくりかえしは、同時にそのつど別な様相で現われる「できない」という事態を受け入れることのくりかえしでもある。そのことじたいにひどく足《あ》掻《が》くにせよ。

「できない」という事態を受け入れるということは、いうまでもなく世界との関係の変容を受け入れるということである。この関係の変容は、その関係のなかに同一的なものとしての〈世界〉が、〈わたし〉が、現われるのであるから、それは〈世界〉そのものの変容であり、〈わたし〉そのものの変容を意味する。高齢者介護スタッフの訓練で、視力や聴力を落とし、足にかかる重さを増したりする特殊な装置をつけさせて、高齢者の知覚や行動を、あるいはその体感を、そこに現われる風景を、擬似的に体験させるというのも、老いは〈世界〉と〈わたし〉の変容をもたらすからである。

加齢は、衰えの意識――さしあたっては行動能力の疲弊、減退、萎縮、衰弱、下降、弛緩への気づき――としては、疲労とかなり近い現われ方をする。眼が疲れる、頸筋が攣《つ》る、肩が凝る、背中が痛い、脚がだるい、からだが重い……。疲れているとき、その疲れのなかで世界が粘度を増したかのようになる。何かに乗りきることができない、何かをやりきることができない……。そういう感覚が反復されているうちに、ふと衰えを意識するようになる。衰えはたしかに、まずは身体のそれとして現象する。が、それを衰えとして受けとめているのは身体ではない。気持ちはあるけれど、からだが重い、からだが思ったように動かないというふうに、ある意欲に対して身体がついてゆかないとき、身体が抵抗するときに、ひとはみずからの衰えを感じる。ということは、衰えは意欲へのある抵抗のなかで感じられるということである。

老人は入院、施設への入所、あるいは離れていた家族の許での同居などによってある日突然環境が変わると、しばしばひどく「取り乱す」。理解不能なことを口走ったり、食のコントロールが狂ったり、時間の感覚を失ったりする。世界にこれまでどおりにかかわろうとしてそれが通らずに関係がいたる場面でぎくしゃくするからだろうか。関係の同型性がいたるところで崩れてしまう、つまり自己の基盤というものがなしくずしになって――「からだが憶えている」という事態すら成立しなくなって――、同一的なものが根こぎにされるから、つまりは、自己というものが不安定になるからだろうか。〈世界〉への関係の変容は自己の意識というものにも変容をもたらす。そして、そういう変容の意識を重ねたはてに、そもそも(あらゆる経験の根っこにある)時間的持続の意識、自己の同一性の意識さえ衰えてしまいもする。

このようにみてくると、ひとは老いのなかで、ひとがだれかある「ひと」であることの条件により深く直面するようになると、とりあえず、まだ漠然とだがいえそうである。

〈老い〉が「できなくなった」という意識をきっかけとしてわたしたちの人生に浮上してくるとして、「できなくなった」ということをわたしはこれまで肉体的な衰えという視点から見てきたにすぎない。しかしこれはあくまできっかけであって、〈老い〉の意味がそこにあるわけではない。肉体的に衰えることでたしかに肉体的にハードな生産労働からは退役を余儀なくされるのだが、そのことはけっして働けなくなることを意味するわけではないし、さらに働けなくても社会のなかで位置がなくなるわけではない。そのひとつの象徴的な事例を、わたしたちは先に「かつてこんな〈老い〉があった」という項で見た。もし肉体の衰えによって働けなくなるとしたら、あるいは社会のなかで位置がなくなるのだとしたら、それはまさに〈老い〉の空白に見あうようなかたちで、いま社会が組み立てられているからにすぎない。

そういう社会のなかでは、「できなくなった」という意識は苛むようなかたちでひとを襲う。「できなくなって」いることの気づきは、〈わたし〉がそのようなものとして存在していることの意味への痛切な問いを誘発することが多い。こんなわたしでもここにいていいのだろうか……、と。先にわたしが、現代社会では多くの若者もまた〈老い〉の意識を内に深くため込んでいると言ったのは、同じことが〈幼〉の終わりにも起こっているからである。「ぜんぶ見えちゃっている」「なんか済んだ感じ」とつぶやく十代のひとたち、学校という競争社会を了《お》えて大学での生活をまるで余生のように感じるひとたちも少なくない。〈老い〉ということで、ここでは肉体の衰えが問題になっているのではない。十代のひとたちが「ツカレる……」とつぶやくときもそうである。そこでもまた肉体の疲労が問題になっているのではない。そこで問題になっているような〈老い〉の位相について考えるために、いましがたふれた〈疲れ〉についてもう少し踏み込んで見ておこう。

〈老い〉と疲労

一晩中まどろむだけの夜。不眠に意識がぎらぎらしているわけではないが、意識が閉じるわけでもない。ぎらぎらしているときは、欲望までついでに目醒める。睡眠が足りなくなると性欲が嵩じる。意識が閉じると休息が訪れる。つまり、意識が醒めていても眠っていても、ひとは疲れを感じない。意識がぎらぎらしながらからだの関節がつながらないと、あるいは、眠っていながら夢(む)意識が足先を苛立たせたり指先をぴくぴくさせると、その後どっと疲れがおしよせる。からだの水面が意識を呑もうとして、意識がそれに抗うというかたちで、疲れが疲れをまねく。

頭が重い、眼が疲れる、頸筋が攣る、肩が凝る、背中が痛い、脚がだるい、からだが重い……。たしかに疲れは肉体のそれとして現象する。が、それを疲れとしているのは肉体ではない。気持ちはあるのだけれど、からだが重い、からだが思ったように動かないというふうに、ある意志に対して肉体がついてゆかないとき、肉体が抵抗するときに、疲れが出る。だとすれば、疲れは意識からくる。

退屈とおなじで、肉体にも疲れはある、それだけのことである。何もすることがないと、足が勝手にもぞもぞ動きだす。してみると、肉体にも一種の退屈があるということになる。「体育家は幸福を手や足で復習する」といったアランらしい指摘である。肉体のむずむず、もぞもぞ。精神はそれを籠絡してみずからのエネルギーに変換する。肉体をある観念に憑かれさせるのだ。

固有のだれかとしてじぶんを象《かたど》るもの、それは意味である。意味の体系が特定のだれかとしての〈わたし〉を準備する。この意味の体系に寄生することで、わたしはだれかになる。〈わたし〉としての同一性を構築するのだ。いずれの性かということ、だれの子かということ、どんな職業についているかということ、どういう性格かということ。同一性は差異と否定によって象られる。何であるかということは、何でないかということと、ぴたり編みあわされている。〈わたし〉は、〈わたし〉でないものでないもの、つまり他者の他者以外のだれでもありえないのだ。この規定は閉じている。なぜなら〈わたし〉でないものもまた、〈わたし〉という他者の他者であることでみずからを象ろうとするからだ。わたしたちは共犯関係に入ることなしに、それぞれが固有のだれかであることはできない。固有の〈わたし〉は、（固有の否定である）共有の意味の体系に住みつくことで、つねに〈わたしたち〉のひとりとして可能になる。〈わたし〉が〈わたしたち〉の単位なのではない。〈わたしたち〉が〈わたし〉の母胎となっているのである。

　してみれば、この意味の空間、観念や象徴の家にうまく着生した者、そこにうまく住みついた者こそが、うまくだれかたりえたものだということになる。その脆さ、危うさに脅かされることなく〈わたし〉として、あるいは〈わたし〉という囲いのなかで、たしかに生きているひとというのは、社会的に承認されたある意味の体系により深く憑かれたひとだということになる。

　だから、じゅうぶんに深くだれかでありえているひとというのは、じゅうぶんに深く眠っているひとでもある。催眠術を施されるとき、ひとは眼のまえの小さな振り子の運動に意識を集中することによって、あるいは催眠術師の声に、そしてそれだけに深く感応することによって、眠りに誘われる。何かに意識を集中すればするだけ、何かに深く憑かれれば憑かれるだけ、眠りに入りやすくなる。同じことが意味や観念の体系についてもいえる。意味に深く憑かれたひとが、もっともたしかに生きているということになる。その意味では、生きるとは深く眠ることだとさえいえる。

ひとが疲労をおぼえるのは、おそらく、この深い眠りから醒めるときである。疲れのなかで、わたしはじぶんの重さを感じる。からだが重い、からだがだるい。まるで存在が粘度を増したかのよう。何かに乗りきることができない。何かをやりきることができない、何かにうまく憑かれることができないとき、ひとは疲れをおぼえる。何もやる気がしない。

疲労にともなう無気力はきわめて特徴的である。この状態は、ものに従事できなくなること、あたかも手が摑んでいるものを徐々に放してしまい、なお摑んでいるその瞬間に放しているように、存在が自分の執着しているものと不断にますますくい違ってゆくことである。疲労はこの弛緩の原因であるという以上に、この弛緩そのものなのだ。疲労がただたんに、疲れながら持ち上げている重みを放してしまう手のうちにあるだけでなく、放すものになお執着する手のうちに宿るものだとすれば——この手がその重みを放棄してしまい、引き攣れだけがそこに残るときでさえ――、疲労とはこの弛緩のことなのだ。
（E・レヴィナス『実存から実存者へ』〔ちくま学芸文庫〕二〇〇五年、西谷修訳）

じぶんがそれに憑かれ、やがてそれがじぶん自身になるはずのところのものとくい違っていること、つまりは自己自身との不一致もしくはずれが、疲れの現象としてここにとり出される。レヴィナスによれば、疲れとは、「意識の、すなわち眠りと無意識によって存在を〈中断する〉能力の、出来《しゅったい》」にほかならないのである。わたしたちの言葉でいえば、何かに向かうこと、何かをすること、何かを建てること……つまり、よく憑かれることを、疲れは遅らせる。この遅れが、じぶん自身の意識という「関係の分節される距離」をそこに劈く。

つまり疲れとは、わたしが何かに憑かれることのできていない状態のことだ。何かに乗りきれない。やりきれない。動こうとすることと留まろうとすること、起き上がろうとすることと横たわろうとすること、まとめようとすることとばらそうとすること、そうした対立や軋轢をひとの存在が含み込んでしまったとき、内に開いたそうした隔たりのなかに、意識は住みつく。

「自分自身に遅れている現在という、それ自体ほとんど矛盾したこの契機は、疲労以外のものではありえないだろう。疲労は現在に伴っているのではなく、疲労が現在を仕上げる。この遅延が疲労なのだ」。そう、レヴィナスはいう。

わたしが同一のだれかであるというのは、何かになるというその生成の過程のことではなく、なったその完了形である。その完了へといたる途上で、ひとは何かになりかかったり、何かになりそこなったりする。その揺れ、その生成の途上が、目が醒めているという状態である。目醒めているというのは、思考や想像力がはたらいているということである。思考や想像力はいまをいまここにないものに、現在を不在に結びつける。目醒めているときにこそ、ひとはそうでありえたかもしれないのに一度もそうでなかったものに深く触れるのである。存在しそこねたもの、あらかじめ挫けたもの、砕かれたもの、つまりは死産したもの、死んで生まれてきたものに、まなざしを届けるのである。悔恨のように、あったものをなかったらと悔いるのではなく、郷愁のように、あったものを過剰にあらせるのでもなく、あることのなかったものをありえたものとして、それをずっと引きずっている感覚。そこに疲れのひとつの形がある。憑かれているひとより、疲れているひとのほうが、したがって明晰なのである。不可能なこと、どうにもならないことを、疲れのなかでひとはより深く知るのである。だからこそ、よく憑かれていること、つまりだれかとして（だれかになりきって）たしかに生きているときこそ、ひとはぐっすり眠っていると言ったのである。〈生〉とはひとつの閉塞であり、ありえたかもしれない別の可能性を閉鎖することである。〈生〉がもし開放をこそことするのだとすれば、疲れているとき、そして何にもなりきれないときこそ、ひとはより厚く生きているということになる。約めていえば、〈疲れ〉とは、最終的に、「憑かれに疲れる」ということなのだろう。

以上と類比的なことが、〈老い〉についても言えるのではないだろうか。じぶんを象ってきた社会の意味の体系に憑かれることからの脱落として〈老い〉を考えられないかということである。その脱落がひとを、わたしたちが通常考えている覚醒とは異なるもうひとつ別の覚醒をもたらすというふうに。「耄碌《もうろく》」というあり方での覚醒というものがあるのではないか、というふうに。

そのためには、わたしたちがとり憑かれている意味の体系、いいかえると〈老い〉を空白にしている意味の文法を、まずは調べておく必要がある。

3

〈老い〉の時間

——見えない〈成熟〉のかたち

「大人」になれない社会?

〈老い〉がまるで無用な「お荷物」であって、その最終場面ではまず「介護」の対象として意識されるという、そんな惨めな存在であるかのようにイメージされるようになったのには、それなりの歴史的経緯がある。生産と成長を基軸とする産業社会にあっては、停滞や衰退はなんとしても回避されねばならないものである。そしてその反対軸にあるものとして、〈老い〉がイメージとして位置づけられる。生産性(もしくはその潜勢性)や成長性、効率性、速度に、非生産的=無用なもの、衰退=老化——そういえば社会システムの老化のことを「制度疲労」とも言うのであった——として対置されるかたちで。〈若さ〉と〈老い〉という二つの観念は、産業社会ではたがいに鏡合わせの関係にある。

鏡合わせとは対になってはたらいているということであるが、その二つはいうまでもなく正負の価値的な関係のなかで捉えられている。そして重要なことは、〈老い〉が負の側を象徴するのは、時間のなかで蓄えられてきた〈経験〉というものにわずかな意味しか認められないということである。〈経験〉ということで、身をもって知っていること、憶えてきたことをここでは言っているのだが、産業社会では基本的に、ひとが長年かけて培ってきたメチエともいうべき経験知よりも、だれもが訓練でその方法さえ学習すれば使用できるテクノロジー(技術知)が重視される。機械化、自動化、分業化による能率性の向上が第一にめざされるからである。そしてこの「長年かけて培ってきた」という、その時間過程よりも結果に重きが置かれるというところから、〈経験〉の意味がしだいに削がれてきたのである。〈老い〉が尊敬された時代というのは、この〈経験〉が尊重された時代のことである。かつて、いろり端での老人と孫の会話では、孫は老人から知恵と知識を得た。現在では、老人が孫からコンピュータの使い方を教わる。

〈経験〉がその価値を失うということ、それは〈成熟〉が意味を失うということだ。さらに〈成熟〉が意味を失うということは、「大人」になるということの意味が見えなくなることだ。

一度やってみるとおもしろいわよ、と社会学者の落合恵美子さんに勧められ、集中講義に出かけていったある地方大学の大学院で、院生たちに奇妙な質問をしたことがある。

「あなたは大人ですか、子どもですか?」

居合わせた十三名の大学院生は、年齢からすれば二十二歳から二十六歳。彼らにその質問を向けたところ、一人が「大人です」とはっきり答えた。そして十一人が「子どもです」とこれまたはっきりと答え、残りの一人だけが「わかりません」と羞ずかしそうにつぶやいた。この答えにわたしは相当にうろたえ、勤務している大学に戻って、二百人の大講義で二十歳前の一年生に同じ質問をしたところ、「わからない」と答えた一人をのぞいて、ほぼ全員が「子どもです」と答え、わたしはますますうろたえた。

さて、成人儀礼というのはもともと、じぶんたちの共同体の構成メンバーとして新たに後続の世代を迎え入れるという、共同体にとってその存続がかかっているたいへんに重要な儀礼であった。ひどい不安や痛みをともなうものであれ、身体の毀損をともなうものであれ、集中訓練をともなうものであれ、その一定期間(数日から数カ月)の試練をくぐり抜ければ「大人」の仲間入りができるという、子どもたちにとっても死活のものであった。近代社会は、そのような苦痛や損傷をともなう儀礼を「野蛮」なものとみなして、「大人」(社会の構成メンバー)になるのに必要な知識と作法を「合理的」に教える場として、学校というものを造った。子供たちはだれもがそこで、人生の一時期、社会に保護されて「大人になる」ための学びをすることになった。

が、生産手段の機械化とともに社会が幼い子どもたちを早くから労働力として求めなくていいほど「豊か」になり、かつ社会のシステムが肥大して「大人になる」ために修得しなければならない知識や技術の量も飛躍的に増大するなかで、学習の期間がどんどん長くなり、いまや大半の子弟は保育園から高校卒業まで十五年間ほど、大卒のばあいだと十九年間、大学院に進学するばあいなら二十一年間も、学校という集団教育の場で生活することになった。成人儀礼が学校教育として制度化されることで、いまや子どもと大人のはざまが膨れあがり、純粋な子どもである期間よりも、子どもから大人に移行する、子どもか大人かよくわからない期間のほうが、五倍も六倍も長くなった。

一方で、日本でよくいわれる「情報社会」というものの進展のなかで、この移行期の年齢のひとたちは、大人と同じ、あるいはそれ以上の情報に、幼いときからふれることになった。身のまわりのことから学びはじめ、そうして社会全体のほうへ世界を遠近法的に拡げてゆくという、つまりは「大人」になる感覚のなかで育つことはなくなっていった。「大人」になるということ、つまりは「成熟する」ということの意味が、とても見えにくくなっていった。

学校を卒業して会社に入ってもやはり最後まで「階段」を昇らねばならず、つねに「成績」が問題とされ、ついに「窓際」に追いやられるまでほとんど学校のようなものとなった。いわゆる学校化社会(スクーリング・ソサエティ)である。そのなかでひとは、いつも途上にある者として、生涯じぶんをまるで通過儀礼中の存在であるかのように感じるという、奇妙な社会である。中高年も未成年もみな、じぶんが大人か子どもかわからない、そんな奇妙な時代である。じっさい、この傾向は一九六〇年代くらいから顕著になり、いわゆる「団塊の世代」(現在六十代半ばのひとたち)だったら、先の院生・学生と同じように、「あなたは大人ですか、子どもですか」と質問されて、とっさに「大人です」と答えながら、「こんなのが大人なのかなあ」と、内心迷わないひとはかなり少ないだろう。

途方に暮れて、先の話をこんどは精神科医の香山リカさんにしたとき、「同じ現象の裏表かもしれませんけど」という前置きをしてから、ご自身のこんな体験を話してくださった。「わたしは高校や大学に講演に行くと、『まだ若いと思う人、手を挙げて』とよく言うんです。するとまったく逆の反応で、高校生で一割くらいしか手を挙げない。で、『もう若くないと思う人』って言ったら、みんなわーっと手を挙げる。でもその人たちに『子どもですか』と訊いたら『子ども』って言うんでしょうね。子どもで、しかも若くないという……」

一方に、「もうじぶんも若くないんだから」と吐き捨てる若者がいる。他方には、「わたしは子どもです」と屈託なく口を開く若者がいる。〈老い〉が早年化しているのか、大人が幼児化しているのか。じつのところ、ひとはいま、老いやすくなっているのか、老いにくくなっているのか……。〈老い〉の問題を高齢者の問題と同一視することのむずかしさは、こういう語りのなかにも現われている。

成熟と成長

〈成熟〉とはあきらかに〈未熟〉の対になる観念である。生まれ、育ち、大人になり、老いて、死を迎える……。そういう過程としてひとの生が思い浮かべられている。そのなかで大人になることと未だ大人になっていないこととが、〈成熟〉と〈未熟〉として生の過程を二分している。

これは別に、人間にかぎって言われることではない。〈成熟〉とはまずは生きものが自活できるということであろう。食べ、飲み、居場所をもち、仲間と交際することが独力でできるということ、つまりはじぶんでじぶんの生活をマネージできるということであろう。もっともひとは、他の生きもの以上に、生活を他のひとと協同していとなむという意味では社会的なものであって、だから〈成熟〉とは、より正確には、社会のなかでじぶんの生活をじぶんで、じぶんたちの生活をじぶんたちで、マネージできるということである。そのかぎりでひとにおいて成熟とはその生活の相互依存ということを排除するものではない。産み落とされたとたんに見捨てられ、野ざらしになって死にっきりということがわたしたちの社会ではよほどのことがないかぎりありえない以上、生まれたときもわたしたちは他の人たちに迎えられたのであり、死ぬときも他の人たちに見送られる。だれもが、生まれるとすぐだれかに産着を着せられ、食べさせてもらうのであり、死ぬときもだれかに死装束にくるまれ、棺桶に入れてもらうのである。

そうするとひとが生きものとして自活できるといっても、単純に独力で生きるということではないことになる。食べ物ひとつ、まとう衣ひとつ手に入れるのも、他のひとたちの力を借りないとできないのがわたしたちの生活であるかぎり、自活できるというのは他のひとたちに依存しないで、というのとはちがうのである。むしろそういう相互の依存生活を安定したかたちで維持することをも含めて、つまりじぶんのことだけでなく共同の生活の維持をも含めて、つまり他のひとの生活をも慮《おもんぱか》りながらじぶん(たち)の生活をマネージできるということが、成熟するということなのである。

となると成熟／未熟も、たんに生物としての年齢では分けられなくなる。〈成熟〉には社会的な能力の育成ということ、つまりは訓練と心構えが必要になるからである。生物としてなら成長のしるしし、たとえば性徴というのもあるが、大人になるということはそういう生物としての成長以上のものを求める。からだが大きくなるというのは、たとえ見かけは大人と変わらなくとも、ひとにおいては未だ〈成熟〉のしるしではないのである。

〈成熟〉は成長とは異なる。成長は、誕生─成長─衰退(老化)─死という、生のリニアな過程のなかにその一フェイズとして位置づけられる。人間のばあいは、ほとんどすべての社会で、この生きものとしての成長（身体とその能力の成長）の過程にさらに子どもと大人という区分が重ね描きされている。生物学的な成長の区別だけではなく、社会的な承認／未承認という規範的な区別が、ひととしての生の過程のなかに挿し込まれるということである。その承認はふつう「成人儀礼」というかたちで社会的にとりおこなわれる。その時期については多くの社会で十二歳から十五歳あたりに設定されてきたが、現代のように二十歳に設定されることもある。そのかぎりでそこには文化の恣意性が入り込んでいる。が、成熟／未熟というのはそうした大人／子どもの区別なのでもない。それはさらにその上に重ね描きされる価値的な区別である。だから、未熟なままで大人になる者もいるし、幼くしてすでに成熟している者もいる。

「通過儀礼はただ単に大人と子供とを分けるためにあるのではない。少なくとも年齢による大人と子供、老と若を区別するためにあるのではなく、むしろ大人と子供という概念を放棄して、経験の深さのちがいをはっきりさせるためのものなのである」。このような指摘をするのは、哲学者の中村雄二郎である。成人儀礼という通過儀礼を、中村はここで、大人／子どもの区別をつける儀礼としてではなく、むしろ成熟／未熟の区別をつける儀礼として位置づけている。しかし、混乱続きの現在の「成人式」をみてそれが成熟を承認する儀礼だと考えるひとはおそらくいないだろう。

プロスペクティヴな時間

成熟なき成長という奇妙な社会の姿の底にあるのは、テレオロジー(目的論)とでも呼びうる思考である。そこでは、ひとの活動はことごとく目的―手段の連鎖のなかに閉じ込められる。いまがんばるのは「豊かな老後」のため、いまの活動は将来の事業達成のため、趣味やスポーツはあしたの労働のため……。そして目的にできるかぎり無駄なく達するために、生産性や効率を上げる。そこにあるのは、存在の力を生産性という次元で、そしてまた経験の時間的推移を累進性という次元でとらえる思考法で、それはしばしば《生産主義的》と呼ばれてきた。これに固有の時間意識については他所で詳しく論じているので(拙論「危機と批判――二十世紀の文明批評とその時間意識」、『時代のきしみ――〈わたし〉と国家のあいだ』〔阪急コミュニケーションズ〕二〇〇二年所収、ならびに『だれのための仕事』〔講談社学術文庫〕二〇一一年、第一章2を参照願いたい)、ここではかんたんにすませたいが、近代の産業社会に固有なこの生産主義的な思考は、ある特殊な時間意識に貫かれている。前望的(prospective)な時間意識である。知識の増大、真理への接近、合理性の開花、道徳性の向上、つまりは《啓蒙》、そして生産力の拡大、貧困からの解放、生活手段の潤沢化、約めていえば《進歩》(progress)、つまり、さまざまな文明的な価値が人間の歴史のなかで累進的に増大してゆくのだという感覚である。わたしたちはより良い未来に向けていま前進しつつあるのだという歴史感覚の根っこのところで、こうしたプロスペクティヴな時間意識がつねにはたらいてきた。

現代の企業での仕事を見ていると、この「プロ」(前に、先に)という言葉が一貫してその作業に用いられているのにおどろく。たとえばあるプロジェクトを立ち上げる。そのためにはあらかじめプロフィット(利潤)のプロスペクト(見込み)を検討しておかなければならない。見込みがあればプログラム作りに入る。そしてプロデュース(生産)にとりかかる。支払いはプロミッソリー・ノート(約束手形)で受ける。こうしたプロジェクトが成功裡に終われば、つまり企業としてのプログレス(前進)にうまく結びつけば、あとはプロモート(昇進)が待っているだけだ。できすぎと言っていいくらい、「プロ」のオンパレードだ。プロジェクト、プロフィット、プロスペクト、プログラム、プロデュース、プロミス、プログレス、プロモーション……。これら「プロ」を接頭辞とする言葉は、ラテン語もしくはギリシャ語の語源をたどれば、それぞれ、前に投げる、前方に作る、先に見る、先に描く、前方に引っぱる、前方に置く、前に進む、前に動くという意味だ。これらは、未来の決済を前提に現在の取引がおこなわれる、あるいは決済(プロジェクトの実現や利益の回収)を前提にいまの行動を決めるという産業社会の論理を表わすものであり、また個人の同一性とその正当化の根拠は個人の出自ではなく、彼が将来に何をなし、何を達成するかにかかっていると考える近代市民社会の論理をも表わしている。

こういう前のめりの姿勢が、知的もしくは物的生産性の累進的増大をめざす近代社会を貫いている。ついでに言っておけば、こういう「プロ」の意識は、「勤勉」のエートスと深いつながりがある。マックス・ヴェーバーの『プロテスタンティズムの倫理と資本主義の精神』は、「時は金なり」というベンジャミン・フランクリンの言葉のなかに「自分の資本を増加させることを自己目的と考えるのが各人の義務だという思想」を読みとったが、そのフランクリンよりさらに一世紀前、ジョン・ロックは『市民政府論』のなかで、神によって与えられたこの身体の作業をつうじて新しい価値と富とを創造すべく命じられているという要請について述べていた。つまり、「怠惰で無分別」(lazy and inconsiderate)であるのではなく「合理的で勤勉」(rational and industrious)であれという要請が、「勤労」(industry)の精神、ヴェーバーが指摘したあの資本主義のエートスとしての「勤労」の精神へと、転位したというのである。合理性と勤勉はこうして能率性と累進性へと収斂してゆく。そしてその「勤労度の差」(different degrees of industry)によって各人の財の不釣りあいも生じてくるのであるから、結果として所有量の不平等も是認されることになる。そしてそういう個人的所有を、維持・保存するのではなく、むしろみずから無制限に増大させる権利を獲得し、たがいに保全しあうためにこそ社会は存在すべきであると、ロックは考えたのだった。

さて、「プロ」という前のめりの意識を駆り立てるためには、ひとはまず、来るべき未来とそこから離れつつある現在とを、あざやかに対比する必要がある。また、現在がそこからあざやかに離脱するためには、過去とはっきりと断絶していることの確認も必要である。未来と過去、そういう二つの不在のあいだで、それらとの関係のなかで、いまという現在を意識するのでなければならない。そういう意味での現在の意識、つまりは現在を過去と未来の「分水嶺」として際立たせるよう意識させること――いまひとつの時代が終わりつつあるとか、いまじぶんは時代の最先端にいるといった意識である――、ここから出てくるのが政治や芸術における前衛(アヴァンギャルド)の意識、産業や消費におけるモードの意識(ネオマニー、つまりは新奇さの魅力)である。これは、わたしたちのいう前のめりの意識においては「いま」がつねにフロント(最前線)として現われてくるということである。二十世紀というモードの時代をそれこそ先取りするかのように一九〇七年の時点ですでにモードの時間意識の分析に取り組んでいたゲオルク・ジンメルは、モードこそ、「発端」と「終焉」との差異をできるかぎり際だたせる分水嶺にいまいるという感情を、もっとも強力に煽るものだと指摘した。モードが現在を、時間の「際」として浮き立たせるのは、そこで何かが終わり、別の何かが始まるという意識を喚起することによってである。いいかえると、現在という時点が、始点と終点、発端と結末とをもつ「強い」物語を背負っているふりをすることによってである。

成長と衰弱というメタファー

こうしたプロスペクティヴな時間意識のなかでは、ひとの生涯も、日々の活動も、社会の帰趨も、一本線の比喩のなかでリニアにとらえられる。一本線はしかし無限ではない。個人のみならず、社会もまた人間という生きものを基体としているかぎり。

そのかぎりで、個人の生涯も社会の帰趨も、誕生—成長—衰退—死という動物や植物の生のリニアな過程に重ねあわせてイメージされる。

社会の歴史のばあい、その典型はオスヴァルト・シュペングラーがその著『西洋の没落』(二巻、一九一八—二二年)で示した世界史の文化形態学的分析というプロジェクトにみられる。歴史という有機的なものの論理、それをとらえる学問をシュペングラーはゲーテにならって「形態学」と呼ぶ。「形態は動くもの、成るもの、うつろいゆくものである。形態学とは変容学である。変容についての説は、あらゆる自然の記号を解く鍵である」というゲーテの文章を引きながら、出生・死・青春・老年・寿命といった、生物にとっての基礎的概念は歴史にも適用されるべきであるとし、〈誕生—成長—成熟—衰弱〉というリズムで生成する歴史のなかから、その生成の原形態を取りだそうとした。つまり、原始的野蛮の状態からさまざまの政治組織や社会秩序、科学が発達してきていわゆる古典時代に入り、成熟した文明がやがて衰退して社会はふたたび野蛮という出発点に戻るという過程、それが歴史のなかで反復されるとしたのである。種から芽吹き、成長し、繁茂し、熟し、やがて萎《しぼ》む植物のように、である。ギリシャ・ローマ、エジプト、インド、バビロン、中国、アラビア、メキシコなどの文明はみなそうした過程をくりかえしてきた。ヨーロッパ文明もまたそうした過程を歩んできたのであって、西暦九〇〇年以降のそれはギリシャ・ローマ文明のそれと形態学的にはパラレルであり、たとえば一八〇〇年から二〇〇〇年にかけての「現代」はヘレニズム時代からローマ時代に移る転換期と「同時」だというのである。

こういう考えを人類の歴史過程全体に拡張したものが、（時間は前後するが）ユダヤ・キリスト教的な終末論的歴史観であるといえる。ルードルフ・ブルトマンはその著『歴史と終末論』（一九五九年）のなかで、歴史を始点と終点をもつひとつの流れと見る歴史観は、キリスト教では〈原罪―堕落―審判―救済〉という終末論的なかたちをとるが、これはキリスト教文化圏ではきわめて根深いものであって、近代の「啓蒙」と「進歩」の歴史観もマルクス主義のいわゆる唯物史観も、これを世界史の平面に世俗化したものにほかならないという。つまり、歴史の初めにはエデンの園に似た原始共産制（無階級社会）という黄金の時代があり、それが封建制、資本主義（階級社会）へと「堕落」し、社会主義革命という「最後の審判」を経て自由の国に至る……というふうにである。（同じ指摘は、G・ラブージュの『ユートピアと文明』のなかにもみられる。）

こうした植物の生命のメタファー、あるいは終末論的な歴史のメタファーをそのまま個人へと覆いかぶせるとき、人生もまた成長と衰弱の過程を意味することになる。壮年が人生のピークであり、「青春」はそれへと至る上り坂ということになり、それに対して加齢は「若さ」の喪失として、つまりは人生の下り坂として語りだされることになる。老いるというのは、肉体にかんしていえば、肌が艶や張りを失うこと、体力や筋肉を失うこと、ものごとが思いのままにできなくなるということである。疲弊、減退、萎縮、衰弱、下降、弛緩、崩壊といった否定的なイメージがそこに折り重なってくる。これを逆にいえば、生きているということが何かを生みだすような力や緊張があるというふうに理解されているということである。《生産主義的》というのは、個人においてはそういう意味である。ということは、人生をリニアにとらえるところから出てくるわたしたちの〈老い〉の感覚もまた、このような、前のめりの時間の解釈を深く内蔵しているということである。〈老い〉を衰えとしてとらえる、あるいはそうとしてしかとらえられない、そういう〈老い〉の理解の仕方を、である。

しかし、前近代的とされる成人儀礼や通過儀礼という観念それじたいも、よく考えてみれば、人生を「線」のメタファーでとらえたものであるはずである。では、近代のそれとどこが違うのか。

よくよく考えてみるに、もし〈老い〉が衰えの意識だとすれば、それはかならずしも誕生―成長―成熟―衰退―死……という、リニアにとらえられた生の過程の終極に訪れるものであるとはいえないはずだ。ひとが誕生から死へと移行する存在であるとするならば、成熟の過程は老衰の過程でもあることになる。生きるというのは育つということであるとともに、日々老いるということでもあることになる。だからこそ、〈老い〉は、先にも見たように、〈老い〉の対項、つまりは〈若さ〉のなかに現われもしたのだ。

消えた〈成熟〉のモデル

「大人になる」というのは、生誕から死までという生のリニアな枠組みのなかでのみ考えられてきたわけではない。母との一体の関係から、家族、近隣のひとびと、さらにはある意味で抽象的な「社会」というものへと、少しずつ他者との関係を広げてゆくのが成長というものだ。そういう他者との関係という場、つまりは共同生活の場で、じぶんの「持ち場」というものを確認し、その役を務めるのが「一人前の大人」というものであろう。労働という場での特定の役を務めるだけではない。そのほかにも家族内での役、地域社会での役、さらには一市民としての役まで引き受け、それらを着実にマネージしてゆくのがまっとうな「大人」だと考えられてきた。しかし肥大化した現代社会のサイズとその流動性は、そういう「大人」の像をかなりむずかしくしている。

現代社会では、ひとはじぶんが何者であるかをじぶんで選択し、決定しなければならない。かつての社会では、家族や地域のコミュニティというものが、個人の生に、(いまのわたしたちからすればきわめて不自由なものではあるが)あるたしかな象りというものを与えていた。職業や婚姻をはじめとして将来の生活像というものが、枠組みとしては明確にあった。生を生として意味づけるそのコンテクストが、共同体の内部に閉じたものではあれ明確にあった。個人を社会構成の基本にしようという近代社会では、交通や流通の拡大とそれにともなう共同体間の相互依存の構造がそれまでとは比べようもなく規模の大きなものとなり、それとともに個人を規定する社会的な文脈や諸契機のネットワークがとてつもなく複雑かつ広汎なものになり、(現実にはそれを誘導する心的な回路が巧妙に設定されているし、また労働人口の調整のなかで切り捨てということもなされるが、しかし主観的には)生活スタイルの選択の幅は無限に大きくなっている。

「将来、どんな人になりたいか、どんな生活がしたいか」ということがあたりまえのように言える社会である。

このような社会では、人生は個人の選択に拠るようにみえる。が、そのような社会は、他方で、マクロな政治・経済構造からミクロな私的生活の基盤にいたるまで緊密にシステム化された社会であり、そこに個人は交換可能な匿名の存在として組み込まれている。どんな職業についても、この作業をするのはほんとうにわたしでなければならないのかという問いを抱かずに務めることが、ひじょうにむずかしい社会である。いいかえると、これはじぶんにしかできないことだ、じぶんのしていることは社会のなかでこういう意味がある……ということをみずから「証明」することがとてもむずかしい社会である。

二十世紀の後半になっていわゆる高度成長期、高度消費社会、バブル時代というものを経てきて、そこでひとびとが「自分探し」なるものにやっきとなり、たとえばボランティアといった、社会システムの欄外もしくは外部にある活動のうちに「自己証明」の手がかりを求めるようになったのは、皮肉な光景である。皮肉な光景だというのは、個人が企業組織や地域社会の命令やルーティンに従って行動するのではなく、一市民としての自己決定にもとづきそれぞれにネットワークを作って行動するのであるから、それは市民社会の成熟を意味するという面はたしかにもつが、他方で「仕事」という社会維持のもっとも基盤的な場面の外に「自己証明」や「自己実現」の場が求められているからである。

これから「大人になる」世代からすれば、高度にシステム化された「豊かな」社会というのは、どういう職業につけばどういう生活を送りどういう定年を迎えるか、それがほぼ見えている社会、人生の定型が出そろい、あらかじめ確定している社会である。自由は見せかけの自由であり、「ぜんぶ見えちゃっている」「なんかもう済んだ感じ」という思いが若くして人生に浸透している。もっと若い世代からすれば、物心ついたときからテレビやインターネットで大人と同じ拡がりで社会の諸システムに神経が直結されている。身のまわりのことから学びはじめ、地域をくぐり抜けて、やがて社会全体にじぶんの世界を広げてゆくという遠近法的なイメージはリアルでない。「成熟社会」といわれながらその「成熟」ということの意味が逆にいっそう見えにくくなっているのには、ひとつにはこうした理由がある。

もうひとつの理由として、「成熟」のモデルが見当たらなくなったということが考える。未曽有の高齢化社会を迎えて、ひとびとは人類史がこれまで経験したことのないような人生の一段階を生き抜かねばならないようになった。平均寿命が格段に伸びて、老後が人生のおまけではなく、壮年期と同じくらい長い期間となり、その時期をどう過ごすかということがこの時代を生きるときの最重要課題のひとつとなった。当然、過去に範型を求めるわけにはいかない。こういう意味でもたしかにモデルはない。が、それ以上に、「成熟」がそれに重ねあわされる「老い」のイメージがとても痩せ細ってきたということがある。

先にも少し見たように、いのちの本質をその生産性にみる見方のなかでは、〈老い〉はその衰弱としてみられ、そしてできれば遠ざけたいもの、回避したいものとして受けとめられる。「老残」「老醜」「老廃」といった言葉にもみられるように、〈老い〉とは、死と近接した、あるいは退行性のなかに埋もれた、おぞましいものとされる。生産性を軸とする社会のなかに老人と子どもを滑らかに（都合よく）組み入れるために、「老残」「老醜」「老廃」を脱臭した「愛すべき」老人と「愛らしい」子どものイメージのうちに〈老い〉と〈幼さ〉が封じ込められてゆく。愛されるにふさわしい老人も、可愛がられるにふさわしい子どもも、ともに受け身の存在であることを暗に求められる。

老人が受動的な存在であること、老いが他律的なものであることが強いられてきたのである。〈老い〉と〈幼さ〉というものを、社会の現役以前、以後というふうにネガティヴにとらえるのは、産業社会の特殊な思想なのである。

〈成熟〉の時間とは？

〈成長〉がリニアな時間、しかも前のめりの時間意識のなかに成立するものだとすれば、では〈成熟〉はどんな時間のなかに訪れるのだろうか。そういう別な時間のあり方というものが見えてきてはじめて、〈老い〉を衰えとしてとらえる、あるいはそうとしかとらえられない、そういう〈老い〉の理解のしかたの外に出ることができるのだろう。

〈老い〉は、ひとが時間のなかを生きるものであるからこそ現われてくる生の位相である。このことはまちがいない。〈老い〉の問題の根底には時間の問題が横たわっている。そしてそれが時間の一位相であるがゆえに、時代の時間観念と深く連動するかたちでその姿形をとる。わたしたちの時代であれば、生産と成長とを基軸とする産業社会を深く規定している時間観念と連動するなかで、いまの〈老い〉のかたちが象られてきた。

〈老い〉は、ひとの有限な生をリニアにとらえるところから出てくる。もっとも「有限な」という意識があって〈老い〉の意識が生まれるのか、逆に〈老い〉の意識のなかに「有限な」生というものがリアルに浮かび上がるのかは、まださだかには言えない。さらにまた、生をリニアにとらえるということは、すでに生の解釈を含み込んでいる。ただ、〈老い〉の体験そのものがそういう生のリニアな理解を含み込んでいるのか、〈老い〉の特定の解釈がそういう理解を含み込んでいるのかも、ここではまだあきらかではない。

〈老い〉はしばしば、それを裏返して、〈若さ〉の喪失として語られる。さしあたってたとえば肉体の〈若さ〉の喪失ということでいえば、肌が艶や張りを失うこと、体力や筋肉を失うこと、多くのひとがこのことを忌避する強力な理由は、それによって現在を人生の下り勾配と感じるからだろう。疲弊、減退、萎縮、衰弱、下降、弛緩、崩壊といったイメージがそこに折り重なっている。逆に言えば、生きているということが何かを生みだすような力や緊張があるというふうに理解されているということである。だから、身の老いを隠すために、ひとは身体の鍛練を試み、肌の手当てや身づくろい、あるいは化粧に勤しんできた。最後にあげた化粧は、いわば肉体のコーティングであり、コーティングが「モノが分泌したり（老朽化、錆、埃など）、壊れたりすることを妨害し、一種の抽象的な不滅性のうちに、モノを維持しようとする」のと同じように、ひとは化粧でみずからの顔面や手の甲を不朽の状態——時間に対する防水処理——に維持しようとしていると言ったのは、ミシェル・ギューである。ここにあるのは、じぶんの存在を時間の消失した不死の空間に移行させたいという願望であろう。時間という契機がそもそもあらかじめ抹消されている顔、時間のもだえも哀しみも傷もない顔、つまりはだれのものでもない顔……。

いうまでもないことであるが、このような時間の傾斜面に置かれた〈老い〉のなかでは、現在を未来に関係づけてとらえることはむずかしい。死を近くに意識するという意味では死という未来に関係づけて現在をとらえるむきもあろうが、死という不在の未来に想像力を向けるというかぎりで、それはじつは〈老い〉の意識ではなくて、あくまでまだ老いさらばえてはいない生の意識である。それに対して、〈老い〉とはむしろ、想像力、つまりは不在への現在の関係づけという、「時間の推力」じたいが衰弱してゆく過程である。そして先ほど言及した「若くない若者」たちは、そういう「時間の推力」じたいの衰弱を「もう若くない」というかたちでつぶやいていたといえる。

「若くない若者」とは、もはや前のめりになれない者のことなのである。

まとまらない時間

老いてひとは、じぶんの人生を総括したい欲求に駆られる。リニアにじぶんの人生をまとめるというかたちで、じぶんを物語りたがる。だが、〈老い〉とは、たしかに未来から現在を規定しようという意欲は失うにしても、だからといってそれは過去を回想したり、物語ったりするものであろうか。

〈いのち〉を何ものかを生みだす、あるいは志向する、その「力」のほうから見るというのは、〈いのち〉のエッセンスを、時間を劈く推力にみる見方である。こういう、〈老い〉を〈いのち〉の閉じた論理のなかでとらえる考え方では、いいかえると誕生―成長―成熟―老衰―死というリニアな時間系列のなかでとらえる見方では、〈老い〉は滅びへの宿命となる。

これに対して、〈老い〉を〈いのち〉のなかに閉じ込めずに、〈いのち〉と二重になっているものとしてとらえること、そういう意味で〈いのち〉の狭い論理を広げることが必要なのではないか。

最初に見たように、〈老い〉はなだらかな減衰ではない。老いは、時間の連続性の隙間で、それがふと途切れるような仕方で、〈老い〉の意識として現われてくる。こういう時間の弛緩のなかでは、現在が未来を含むのではなく、不在の未来が現在を、不意を襲うかたちで訪れるのであった。そのかぎりで、〈老い〉は人生のいつの時期にも訪れうるものであった。意のままにしうるという disponibilité の増進が〈いのち〉の成熟なのではなくて、意のままにならないという indisponibilité の受容、そういう抵抗の経験をおのれの内に深く湛えることが〈いのち〉の成熟であると言うべきであろう。その意味では、〈老い〉とは、他なるものの受容の折り重なりとして現象するといえる。

それゆえに、〈老い〉の経験はかならずしも人生の回想、これまでの人生のまとまった物語というかたちをとるものではない。そういうまとめ——連続的な時間系列の一義的な解釈としての物語——こそ、〈老い〉を内蔵しない〈いのち〉についての「大人」の平板な見方、つまりは時間の推力の側に立った見方である。それよりもむしろ、〈老い〉のなかでひとは、そのように解釈された時間の物語の〈外〉に出る可能性に思わずふれる。子どもとともに、「大人」のコスモロジーの外に出たり入ったりする可能性、夢と現《うつつ》のあわいを漂うという可能性にふれるのだ。

これは、時間が自己を閉じないで——物語のなかに収束されないで——、放たれるということでもある。忘れっぽさは、子どもと老人の共通の特徴である。が、忘れっぽさは未来と過去を含んだいまという時への繋留を離れることによって、リニアな時間系列へと編入されえないさまざまな時間、つまりは時間のポリクロニックな重層性を浮かび上がらせる。しばしば指摘されるように、体系に対するアフォリズム、積分に対する微分、通時性に対する共時性、統合に対する離散、同一化に対する差異化、自発性に対する受容性……といったもうひとつの、〈いのち〉の現象と深く交わった人間のあり方として、幼性と老性が結びつくのも、そういうポリクロニックな時間の経験、通時性よりも共時性が前面に出てくるような時間経験のスタイルを基盤にしてのことであろう。

じっさい、身近の老人に接していると、つい昨日の出来事、あるいはさっき話したばかりの今日の予定は忘れることがめずらしくないのに、若いときのこと、子どもの頃のことは、ずいぶんと時間を隔てたいまもすらすら思い出すということがある。子どものときに意味も知らずに憶えた外国語の歌とか、観劇した物語の筋とか、一族の姻戚関係とか……。身体に深く沈澱した記憶だから、と言えるかもしれない。あるいは、心的外傷などと同じように、いつまでも過去として消え去らず、いまも現在の底で疼《うず》いているのかもしれない。ともあれ、記憶というのは、時間軸での近さ／遠さとは別の次元では保持されているもののようだ。

あるいはここで、成人儀礼とは「経験の深さのちがいをはっきりさせる」装置としてあったという、先に挙げたあの中村雄二郎の指摘を思い出してもよい。〈老い〉の時間について吟味してきたいま、わたしたちは、（「大人」というよりもむしろ）「成熟した人間」のこの「経験の深さ」を二重の意味で考えることができるだろう。それは、狭い意味での「大人」たちがかたちづくっている社会の平板な秩序を垂直に衝くということであり、それと同じことであるが「前のめり」のリニアな時間秩序にポリクロニックとでもいうべき重層性を与えるということである。

4　〈弱さ〉に従う自由

〈老〉と〈幼〉の対称性

ついこのあいだこの世にやってきた子ども、やがてもうじきあの世に行く老人、それらが「あの世」、つまりこの世の彼岸にあるものにふれる存在として、むしろ聖なるものとして尊ばれるような感受性が、そう遠くない過去にまではあった。老人と子どもという両極の存在は、たしかにともに、セルフ・ケアが十分にはできない、つまり他人の世話にならざるをえないという点で、相似的である。依存という点で相似的な存在どうしが「大人」を抜いてたがいに依存しあう文化がかつてはあった。子守をする老人、子どもの肩を支えにして歩む老人……。この〈老〉と〈幼〉の対称性については、かつて井上ひさしがその論考「老＝若・男＝女の対称性」(《文化の現在》5・『老若の軸・男女の軸』(岩波書店)一九八二年)のなかでとても印象の深い記述をしていた。

昔話の伝わり方を考えてみますと、祖父母から孫です。老人たちは世の中から引退している。子どもたちはこれから育ち、世の中へ参加しようとしている。世の中を通り抜けて来て生の国から死の国へ移ろうという人たちと、生の国から生れてきたばかり、これから世の中へ出ていく人が、いろり端やふとんのなかで結びつく。両者のあいだにいる親たちは世の中に出て一所懸命働いている。その親たちもやがて年寄りになる。そして今度は子どもたちが親になる。その子どもとかつての親がまた話する。このように互い違いになりながら話や体験が伝わっていく。……

こういう老人と孫のつながりが、「大人」の世界の対極としてあって、その両極性が、表と裏、中心と周縁、上と下、海と山、天と地、昼と夜、夏と冬と同様、文化の活力を生んでいたと、井上はいう。「生まれてきて五、六年の命と死ぬまで五、六年の命が、真ん中に働くお父さん、お母さんを置いて向かい合う。この対称同士が互いに結びついて、やがて真ん中の働く者を創ってゆく。この対称性があらゆるところからなくなっていっており、社会的な活力が落ちている」、と。

ここから考えられるのは、〈老〉と〈幼〉には、枯淡とかしおらしさ、あるいは〈現在のお年寄りにそうであることを強いられている)可愛らしさ以上に、破壊的な性格があるのではないか、ということだ。それは「大人」の観念によってかたちづくられてきた秩序を一時失効させるような、あるいは破砕するような、そういう破壊性である。そういう〈反世界〉を醸成するものとして、老人と子どもの隔世代的なつながりがあったと、井上はここで言いたいのではなかったか。そしてそのことが〈世界〉というものを厚くしていた、とも。「成熟」もここで、そのような破壊性を内蔵したものとしてイメージする必要があるのではないだろうか。

〈老い〉についての支配的な言説は、人生のリニアな時間系列のなかに〈老い〉が出現することを自明のようにして語りだしてきた。これは時間解釈の片面でしかない。これまでみてきたような時間の生成のもうひとつの側面からみることで〈老い〉の意味を考えなおそうとしているわたしたちとすれば、ここで〈老い〉というもののこれまでの位置づけられ方、解釈のされ方、そしてそれによる〈老い〉の制度化もしくは管理の方式というものも相対化しなければならないだろう。〈老い〉は、あきらかに社会的・文化的な観念としてあるからである。

ここでくりかえし確認しておきたいのだが、リニアな時間系列のなかで、あるいは

〈いのち〉の本質を生産にみるそういう見方のなかで、〈老い〉は「避けられないもの」とされ、そしてできれば遠ざけたいもの、回避したいものとしてありつづけてきた。「老残」、「老醜」、「老廃」という言葉にもみられるように、〈老い〉とは、死と近接した、あるいは醜さ、汚れ、愚かさ、乏しさ、弱さ、遅さ、あるいは非生産性、非集極性、非分節性、つまりは退行性のなかに埋もれた、おぞましいものとされてきた。〈老〉と〈幼〉に、外部から、つまり「大人」の側から、そのようなイメージが貼りつけられてきたのである。そしてそれを狭い意味での〈いのち〉の秩序のほうに回収するために、老残、老醜、老廃を脱臭した「愛すべき」老人と「愛らしい」子どものイメージのなかに老人と子どもを閉じ込めようとしてきた。そのなかで、栗原彬の指摘を思い出せば、高齢者は「〈養う者―養われる者〉という二分法的な社会的カテゴリー」のなかに収容されてきた。そういう受け身の存在であること、「愛されるべき老人」であることを暗に求められてきた。老いる者が受動的な存在であること、〈老い〉が他律的なものであることが強いられてきたのである。

　栗原の言葉をここでもういちど引いておこう。「かつて、人が〈老いる〉ことも、学ぶこと、遊ぶこと、働くこと、病いを癒すことと同じように、家族や地域の人々の共同の機能であった。生産力主義が、これら共同体のかつてもっていた共同性の機能を吸い上げて、それらを専門分化した制度に明け渡したとき、〈老いる〉をめぐる諸機能もまた、その専門組織の手にゆだねられた。人は、学校から教育を受けとるように、老人福祉の制度からあらためて専門化されたケアを受けとることになる」。

〈養う者―養われる者〉というこの二項対立は、「大人」も「老人」「子ども」も、ともに狭い観念のなかに閉じ込める。そのどちらもが痩せ細らされてしまう。だから、こうした対立のなかで優劣関係を逆転することではなく、こういう対立のかたちそのものを超えることが双方にとって重要になる。

そして、〈老〉と〈幼〉の管理という〈生〉の側からの発想じたいの外部に出る可能性のなかにあるのが、〈老い〉というものである。時間をリニアにとらえる物語、それを脱臼させるようはたらくのが〈老い〉なのである。それを壮年の「大人」たちは、「耄碌《もうろく》」と言いもするが。

〈反世界〉のまなざし

このようにみてくると、いつまでも幼くあること、つまりは未熟でいられることが許される社会、それこそ、逆説的にも「成熟した社会」なのではないかとおもえてくる。そして〈老い〉は、そういう、いつでも（世界の〈外〉に出るという意味で）未熟になれる可能性を含んだものとなってはじめて「成熟」になるのではないか、と。

が、そもそも、なぜ未熟を生の奥深くまで孕んでいることが重要なのか。一見むだとか、夢想だとか、非合理だとか、非現実だとかみえるものは、「この世界」にうまく位置づけようがないという意味で、「この世界」の欄外に放逐される。が、「この世界」がその構造の硬直によって破綻しかけているときに、その構造変換のエネルギーと知恵を供出しうるのは、こうした「この世界」の外部への感受性である。そこに貯えられた〈反世界〉のまなざしこそが、がちがちに凝り固まった融通のきかない「この世界」の関節を脱臼させ、世界をふたたび可塑的なもの、流動的なものへと戻し、それが結果として世界を編みなおすきっかけともなる。

こういうかたちで世界を別様にも表象しうる意味の空間を開くということ、そのことがおそらく、世界が揺らいでいるときにもっとも必要なものなのだろう。そこでは、わからないもの、理解できないものに開かれていることが大きな意味をもつ。が、わたしたちの多くは、語りえないこと、理解不能なものに囲まれて、それでも言葉を搾りだす、あるいは逆に、言葉を呑み込むという、そういう呻吟に耐ええないところがある。そして、わかりやすい物語、耳ざわりのいい言葉に、すぐに飛びつく。つねに過剰か過少になってしまうという、言葉と現実との不均衡な関係に押し潰されて、練られてもいない言葉を反射的に漏らしてしまう。思いが窪みというものを失ったかのように。

わからないものがわからないままに占めるべき場所というもの、それを容れる余裕が、この時代、無くなってきているということがあるのだろうか。この時代と言ったのは、戦後のいわゆる高校・大学の大衆化、つまりは「受験戦争」でついた癖が、いまの時代を支えている「大人」たちの精神のかたちに意外にも深い影を落としているような気がしてならないからだ。

受験勉強でついた癖というのは、試験のときにまずは問題用紙をざっと見渡し、すぐに解けない問題はとりあえず棄てる、すぐに解けるもので勝負する、ということだ。わからないものはさしあたって視野から外し、時間が余れば取り組んでみる。そういう構えが、学校を出たあとも消えない。先頃亡くなったイバン・イリイチの言葉を借りれば、資格、成績、評価、昇格試験……と、社会全体の「学校化」が加速してきたからだ。

これが危ういのは、理解不能なものをいまのじぶんに理解可能な枠のなかに押し込め、せっかく見えかけているものを、無いかのように棄却してしまうからだ。そのことで、見えているものを歪め、危機の徴候を見逃してしまう。

理解不能なものは、理解しようとする側のその理解の枠組みの狭さ、頑なさのゆえに理解不能であることが多い。科学の革命というものは、そういう理解不能なものの現出が、従来の研究が立脚してきた枠組みを根底から揺さぶり、それを無効にしてしまうところから生まれる。既存の枠組みのなかでは現象としても問題としても見えてこないものへの感受性こそが、理解を深めてきたのだ。だが、ひとはそこを取り違えて、わかりやすい物語を選ぶ。「アダルト・チルドレン」という心理学の術語が、それこそ流行の物語としてひとびとの口から漏れてくるのも、言葉にならない苛立ちやしんどさに切りをつけようとしてのことなのかもしれない。そして声高に叫ばれる「構造改革」もまた、おそらくはそんな合い言葉のひとつなのだろう。

が、政治における判断はどうか。そこでは、偶然や流動的な条件が重なり、交渉相手の出方もあって、確かな見通しもつかないまま、しかしそのつど着実に決定を下さなければならない。施策ひとつとっても、どれから実行するか、ABCの順に実行するかBCAの順に実行するかで施策Cの意味じたいが変わってくる。それが、政治というものだ。

ケアという、別の場面でも同じことがいえる。患者、その家族、医師、ナース、事務スタッフ……。それぞれの立場や思惑が錯綜し、対立する場面で、患者にとって何がいちばんいいかを考えながら、「正解」が見えないままにそれでも患者のいちばん近くに立ち続けなければならないのが、ナースの仕事だ。ここでもうひとつつけ加えれば、アートもまた、わたしたちが住み込んでいるこの世界の微細な変化や曖昧な感触を、曖昧なままに正確に色や音のかたちに定着させる技法だといえる。

わたしたちが生きるうえでたいせつなことは、わからないものに囲まれたときに、わからないままにそれらとどう向き合うかということであろう。それに、人間にあっては、近いもの(たとえばじぶんの感情、性、家族)、大事なこと(たとえば政治)ほど、見えにくいものだ。

そう考えてくると、わからないことがらに対処する知恵をもつということが成熟であり、わからないことがらを手持ちのわかっていることがらに還元するのではなく、わからないことがらについての感受性をたっぷりもって開きっぱなしになっているというのが、言ってみれば未熟者の特権だということになる。その意味で、幼き者が幼いものとして幼いままに輝ける社会、老人が老人としてのそのあり方に十分な意味を見いだせる社会、そういう社会こそ「成熟した社会」と言えそうだ。いいかえると、子どもが一日も早く「大人」の世界――必然とみえる世界――に参入することを求められるのではなく、子どものままで子どもとしてのあり方を享受できるような社会、老人が老人として大人の世界から退場してゆくのではなく、〈老い〉の時期としての時間に重要な意味を見いだしながら生きてゆける社会、それが社会の成熟というものではないか、と。

それはあきらかに「大人」たちがかまけている《成長》の論理の裏側にあるものである。そのようななかで、老人と子どもにはつねに「愛らしく」「可愛く」あることが、つまりは従順であることが求められてきたのだが、じつのところ、そういう管理という「大人」の側からの発想そのものの外部に出る可能性を手に入れるのが、成熟という時期だと言ってよい。そのかぎりで成熟とは、あるいは「老いる」とは、ふたたび栗原の言葉を借りて、「子どもの中に、あるいは青年の中に、そしてもとより老人の中に、一度訪れると、生涯住み続ける、気質のようなものであり、〈身体知〉であり、生き方の文法でもある」というような言い方もあるいは可能かもしれない。

他なるものを回収・同化してゆく〈生〉の運動の裏側、他なるものにふれ、「深まっていくというよりも、削ぎ落としていって、しだいに軽くなる状態」(栗原)として〈老い〉をとらえたとき、記憶による回収をすら拒む老衰としての、あるいは耄碌としての時間のとらえ方もまた変わる。たとえばこんなふうに——

人生は模糊たる霞の中にぼかし去るには耄碌状態が一番よい。というのはあまりにも意識化され、輪郭の明るすぎる人生は死を迎えるにふさわしくない。……完全なる暗闇に入る前に薄明の中に身をおく必要があるのだ。そこでは現実と夢とがないまぜになり、現実はその特徴であるあくどさとなまぐささとを失い、一切の忘却である死をなつかしみ愛撫しはじめる。

(森於菟「耄碌寸前」)

〈老い〉が、栗原のいうように、「深まっていくというよりも、削ぎ落としていって、しだいに軽くなる状態」だと考えれば、何かを生みだすのではなく、「ただいる」ということだけでひとの存在には意味があるのではないかという問い、それが〈老い〉の理解のなかでは賭けられているということになる。これはもちろん〈老い〉だけの問題ではない。

何か物品や価値を生産するからではなく、「ただいる」ということだけでひとの存在には意味があるということがあたりまえのこととなったときに、はじめてひとは「成熟した社会」のイメージ、あるいは〈老い〉の文化というものに、リアルにふれることになるのだろう。

他なるものの受容

あたりまえのことだが、ひとは自然環境に、他者たちに、依存しないでは生きてゆけない。そして、まるで自立が依存を含まないかのように考えたところに、自然を加工と支配の対象とみるテクノクラシー（技術支配）や、他者たちを管理の対象とみるビューロクラシー（官僚支配）が生まれた。これに対して、意のままにならないものの受容、そういう抵抗の経験をおのれの内に深く湛えることが〈いのち〉の成熟であり、その意味では、〈老い〉は、他なるものの受容の折り重なりとして各自に体験されるもののである。

他なるものの受容、それは、おのれの視野があまたの視野のうちのひとつでしかないこと、そしておのれの能力には限界があるということを思い知るところから開けてくる態度である。いいかえると、おのれの生がおのれ独りでなりたつものではないことの熟知から開けてくる態度である。こうした認識は、経験の積み重なり、つまり思い知らされることのくりかえしのなかで熟成してくるものであるとともに、実際に〈老い〉とともに他に依存せざるをえなくなることが増えてくるという事実からもいやでも思い知らされるものである。

先に2で、わたしたちは「できなくなった」という意識をとりあげ、〈老い〉の気づきと、〈老い〉と〈疲れ〉の異同について考えてみた。ここでその「できなくなる」ということの意味を、もうすこし別の側面からもういちど考えておきたい。

〈老い〉は、あれができなくなった、これもできなくなったと、いろいろに思い知らされることが、どんどん増えてゆく経験である。ふと気がつけば、新聞を眼から遠ざけている、徹夜ができなくなった、電車をひとつくらい遅らせてもいいやとおもうようになる……。しかし、衰えというのはなにも肉体に訪れるだけではない。

定年という切れ目を考えてみるとわかりよい。いまの社会で、定年が身にこたえるのは、収入の減少というよりも、むしろ他のひとたちとのネットワークが切れてしまうというところにある。これまで仲間としていっしょにやってきたひと、何かあると心配気に駆けつけてくれたひと、用もないのにご機嫌うかがいの電話をかけてきたひと。そうしたひとからの連絡が一気に途絶える。そしてじぶんの実力だとこれまでおもってきたものが、じつは会社の看板の力にすぎなかったことを、つくづく思い知ることになる。そしてひとびとのあいだで、じぶんの存在とはいったい何だったのかと、つい考えてしまう。

「定年」はモデルにならない

こういう定年の悲哀というものは〈老い〉のひとつのかたちとしてたしかにあるだろうが、しかし〈老い〉をこのように定年に照らして論じるのは、偏狭な見方である。生涯、現役で「がんばる」ひとたちもいるからではない。「定年」は、多くのばあい、これまで給与取得者であるひと（そう遠くない過去まで、その大半は男性であった）を訪れるものでしかないからだ。同じように、「隠居」や「余生」ということに照らして〈老い〉を論じるのも、一面的である。それは、扶養者という意味での「主人」とか「大黒柱」という一族内での位置(家族モデルでイメージされてきた商家なども含む)についていたひとにしかいえないことだからである。

定年については芹沢俊介が、米沢慧との対談『老いの手前にたって』(春秋社)のなかで、ちょうどいま定年を迎えつつある男性についてとてもリアルな発言をしている。多くの男性が定年とともにいきなり〈老い〉の段階に入ってゆくのに、主に専業主婦である妻たちは子育てが終わって以降の二十年前後を「孤独な時間」として、〈老い〉の前に独りで生きなければならない。このずれが家庭の危機の根っこにあるというのだ。「女性たちは、危機を仕事やカルチャーセンターに通うなどして多様に乗り切った。現在の中高年女性がいきいきしているように見えるのは、ライフサイクル第三期の問題を一人乗り切ろうとするなかで〈自分〉というテーマに出会ったからに違いないのです。そうかんがえないと、たとえば二十年も連れ添った夫婦の離婚が激増している理由がわからない。彼女たちは何を大切にしたくて離婚を決断したのか、ぼくは〈自分〉だとおもう。」

長寿化した社会ではほんとうは勤労男性もまた定年退職以後、同じ段階を迎えるはずなのだが、女性とちがって〈老い〉の段階と重なるために、そのことが見えにくい。同じような境遇になって、妻たちがかろうじてもちこたえた「孤独の時間」がじぶんのこととしても見えたときには、もう遅い。同じ時間のなかをともに流れているという感覚はもうなりたたない。ふたりはすでに、二つの別の流れのなかに住まっているのだ。

ひとはそれぞれの時の流れのなかに住まっている。同じ流れのなかに、というのは虚像にすぎないのであって、ちょうど二つの異なる列車がたまたま同速度で並行しているときに、二つの列車に別々にいるひとがたまたま同じ時間を共有していると思い込むだけのはなしだ。相手の別の流れへの想像力をじゅうぶんにもたないと、速度はずれ、気がついたときには列車は遠く離れている。そういうずれが、ひととひとのあいだにはよく生ずる。だから、別の流れのなかを流れているどうしが、流れるままにその流れを同調させあうという意識的な努力が、齢《よわい》を重ねたひととひととのあいだではいっそう必要になってくるのだ。

〈老い〉の過程でのこうした両性間のすれ違いというのは、男性のほとんどが勤労者として就労し、女性が家庭内労働に縛りつけられてきた時代に特有のものであろう。

女性の社会性が「家事」という閉じた場面以外に「仕事」としては認められない、いいかえると女性が趣味や社交のなかでしかじぶんの社会性を確認できない、そういう時代に特有の〈老い〉のかたちであろう。舅や姑の〈老い〉を世話してきた主婦にとっては、「忙しさ」にかまけている夫よりもじぶんの存在の意味への問いは早くから不可避のものとなっており、「大事なときにいつもいない」夫とは無関係の場所で「自分」と格闘せざるをえない。「定年」を迎えて夫が悩むときには、もうとっくに問題に方《かた》をつけているはずであって、そうでなければもたないのが「主婦」なのである。そういうずれが否応なく生まれてしまう、「家族」にとっての不幸な時代に、皮肉にも両性にともども背負わされた苦しみの、たがいにずれた二つのかたちは、その時間差のためにきしみとしてしか浮上してこない。両性それぞれに、別のかたちで「自分」の存在が、別の時期にのっぴきならない問いとして浮上してくるのだから。その時間差による不幸の重なりを芹沢は指摘しているのだ。

みずからの存在への問いにさらされる?

たしかにひとは老いて、いや〈老い〉の入口においてこそ、じぶんの存在の意味について考えはじめる。勤労者、夫(もしくは妻)・父・子(もしくは嫁)といった役割から解かれ、ひとりのむきだしの〈個〉として、じぶんの存在と対面しなければならなくなるからだ。社会のなかに住むひとりの役柄をもった存在として、しなければならないこと、させられることにかまけられているあいだはまだいい。そういうごまかしがきかなくなるのが〈老い〉というものだ。もっとも、ほんとうに「老いさらばえ」れば、そんなこと、気にもせずに飄々としていられるようになるかもしれないが。

　これは、〈老い〉とともに、ひとは人生を「できる」ことからでなく、「できない」こと、もしくは「できなかった」ことから見据えるようになるということだ。そして「できなくなる」こと、「できなかった」ことのほうからじぶんを見つめるようになるということは、何をする(あるいは、してきた)かというよりも、じぶんが何であるか(あるいは、あったか)という問い、さらにはじぶんがここにいるということの意味への問いに、より差し迫ったかたちでさらされるようになるということだ。

　とはいえ、よく考えれば、これは加齢にかぎった問題なのではない。少なからぬ若者もまた、社会生活の入口のところですでに、傷とかあきらめといった静かな痛みを深くため込んで、力なく佇んでいる。人生のあらゆる類型がすでに出そろっているところに生まれてきて、これからの道のりが、その終焉の姿までほとんど「見えちゃって」いて、彼／彼女らは「人生の盛り」を「もう済んだ」ものとしてしか受けとめにくくなっている。〈老い〉の感覚は、加齢とは関係なしに、ひとを襲うのだ。

そういうひとたちの多くが、じぶんたちよりさらに「不自由」なひとのもとへと介助ボランティアで出かけて行くのは、ひととしての義務として感じるところはあっても、じぶんたちのほうがまだ「できる」という気負いがあってのことではない。むしろ、じぶんたちより「できない」ひとの前で、「できる」ことにこだわって突っぱった生き方をしてきた頑ななじぶんをほどき、「世話をする—世話を受ける」という一方通行の関係を超えるような地平のなかにじぶんを放り込もうとおもうからだろう。「あれもこれもできない」ひとを前にして、じぶんがこれまで精一杯抑え込んできたじぶんのなかの「弱さ」と、(唇を嚙みしめるのではなくて)もっと素直に向きあえるようになるからだろう。その意味で、介助ボランティアでは、いままでずっと「強く」あろうとしてきてしかも最後まで「強く」ありえなかったひとが、「弱さ」をさらさずには生きてゆけないひとによって支えられるという出来事、そういうかたちで「強さ」への強迫から放たれるという出来事が起こるともいえる。

「できない」ということ・再考

もっとも、ここで、「できない」ということを実体的にとらえてはいけないだろう。「できない」というのはある社会的・時代的な条件のもとでそうであるにすぎない場合、あるいはある「できる」ことの基準があってそこから「できない」とされるにすぎないことが多いからだ。

「できない」という面からすると、〈老い〉は、それに生活のなかでずっとつきあいつづけるしかないという意味で、〈障害〉とよく似ている。しかし、〈老い〉を問題とは考えない、だれにでも訪れるふつうのこととして考えることから出発したわたしたちからすれば、それは遅れでもなければ、不適応でもなく、なおさら矯正されるべきものであるはずがない。この点ではじつは〈障害〉にも同じことがいえる。「できる」ことの埋め合わせるべき欠如と考えるのではなく、「できない」ことそのことの意味を考え、そこからあえていえば、できなくなることでできるようになること、というか「できる」ことをめざさない生のあり方をこそ、考えねばならないであろう。ノーマライゼーション（ノーマル化）ではなく、ノーマルという規範的観念そのものを、限られた観念として相対化してゆく、そういうときに批判的にもはたらく視点として、である。わたしたちが先に「〈老い〉の破壊性」と言ったのも、そういう意味である。「できる」ほうへと援助しながら「共生」をめざすというのとは違った道がここには構想されるべきなのだ。経験としては、意のままにならない(indisponible)ものというかたちで、さしあたってはその身体性が以前とは別の仕方で露呈してくる時期が〈老い〉であり、ひとは〈老い〉のなかで人間であるということの条件により深く直面するようになる。が、そのモデルがまだうまく見つかっていないというのが、わたしたちのいう〈老い〉の空白ということなのである。

ここでふと思い出されるのが、「扶養家族」という、響きのわるい言葉である。養う者と養われる者という関係が、あたりまえのようにいまの家族のなかには設定されている。まるで「老人」と「主婦」と「児童」は、「扶養者」にもたれかかることでしか存在しえないかのような。この背景には、賃金労働が仕事の平均的なかたちになったという事情と、戸籍上の家族ごとに「世帯主」を設定するという法と税の制度がある。

が、ここで「世帯主」として、基本的に、自活でき、自己決定でき、自己責任をとりうる成人男性が想定されてきたとすると、それはとんでもない幻想である。そんな「強い」主体など、たぶんどこにもいない。

就職というのは、言葉はわるいかもしれないが、食い扶持を求めて、「ぶら下がり先」を探すということだ。扶養家族は世帯主に、世帯主は会社等に「ぶら下がる」、そういう仕組みがいまの社会にくまなく設定されているというだけのことだ。しかし、そういう「ぶら下がり」の構造の全体に、いま多くのひとが少なからぬ違和を感じはじめている。「ぶら下がり」ではなく「支えあい」。そのなかで、〈老い〉はふつうのこととみえてくるだろう。そしてそれは、自己決定と自己責任が可能な「強い」主体という概念を骨格にした現在の法と社会制度の再考をも深く促すことになるはずだ。

ここでわたしたちが問われているのは、「自立」した個人を前提とした秩序であり、何かを生みだすことをあるものの価値基準とする思考法である。成熟ということをわたしたちの社会は、さまざまなことをじぶんでできること、（じぶんの身体もふくめて）生きるに必要な多くのものを意のままにできることとして了解してきた。が、何かを意のままにできるということが〈いのち〉の成熟なのではない。そうではなくて、意のままにならないということの受容、そういう「不自由」の経験をおのれの内に深く湛えつつ、何かを意のままにするという強迫から下りることを自然に受け入れるようになるのが、〈いのち〉の成熟であろう。その意味では、〈老い〉とは、他なるものの受容の折り重なりとして現象するといえる。これまでくりかえし述べてきたように、そういうまなざしを遠ざけ、〈老い〉をむしろ衰退や退行とみるところに〈老い〉のかたちは現われてこようがない。

人生を「できる」ということからではなく「できなくなる」というほうから見つめてみると、もっと違う〈いのち〉の光景が眼に入ってくる。「作る」「できる」ではなく、ただ「いる」というそれだけで価値が認められるような、ひとについての見方、それが「高齢者問題」では賭けられている。〈老い〉は「問題」ではなく、人類史の「課題」としてここに浮上してきている。

価値というのは、意味とも違う。〈老い〉、その存在に意味があるというのは、もちろん(何かの目的に沿った)意味がないことよりはよいことである——「主体的」に生きることのできるような〈老い〉が保障されていること。がしかし、その存在に意味がなくても価値があるというところに、〈老い〉の問題は賭けられている。

ひととしての〈弱さ〉にみずから向きあうことから始める、それが、回り道のように見えるかもしれないが、いちばん必要なことなのではないか。

シュノイキスモス

そこであらためて、〈弱さ〉というものについて考えてみる。

「人間をおしつぶすために、宇宙全体が武装するには及ばない。蒸気や一滴の水でも彼を殺すのに十分である」。

紙片にこう書きつけたパスカルを繙《ひもと》くまでもなく、人間は弱い。ほとんどの獣に素手で向かうことはできないし、蛇や百足《むかで》のような小さな生き物にもひるむ。天地の異変に翻弄され、内では小さな病や心の痛手にすぐにうろたえ、ときに深く傷ついてしまう。

人間がその〈弱さ〉を知り、そのための手はずを整えるというのは、人類としてはきわめて原始的な段階ですでにみられたことである。個別にではなく共同で事に当たる、安全なベースキャンプを作る、生産と分業と交換のシステムを編みだす……。

たとえば、ひとつの野菜を手に入れるためにも、耕作をしなければならない。そのために水を引いてこなければならない。家畜の力を借りねばならない。耕作するにはどうしても鋤《すき》や鍬《くわ》が要る。そしてそれを作る職人を、さらにそのために金属を溶出する工人も当てにせざるをえない。水路を造るひと、家畜の世話をするひとも要る。もちろん、耕作するだけでは生きられない。代わりに食事を作るひと、子どもや病人の世話をしてくれるひとが要る。さらに食器や衣料や家具を作ってくれるひとが要る。その材料を作るひとも要る。それを手に入れるためには、おのれの耕作物と交換しなければならない。交換のためにいちいち仕事を休むわけにもいかないから、交換サービスを引き受ける商人が要る。そこから得た手数料で商人たちはこんどは自身の生活財を手に入れる……。ただ耕作という仕方で安定した食材一つを得るためにも、これほど複雑なひとびとの連繫と相互依存が前提となる。

古代ギリシャの犬儒派に属するディオゲネスは、何の不足もなく、何も要らないのが神というものであって、ひとは必要とするものが少なければ少ないほどそれだけ神に近づくとし、「最低生活」、つまり必要最小限の生活を理想とした。田中美知太郎はその論文「最も必要なものだけの国家」(『善と必然との間に』(岩波書店)所収)のなかで、「ただ一枚の衣をまとい、ただ一個の袋を携えるのみで、身体が衰えてからも、わずかに一本の杖をこれに加えただけだと言われている」ディオゲネスに冷や水を浴びせるかのように、こう書く。

「彼がそこにおいて、必要やむを得ないものとして、保留しなければならなかったのは、いったい何であったろうか。それは一枚の衣と一個の頭陀袋《ずだぶくろ》であり、なおこれに一本の杖や酒瓶の家が加わるであろう。これは僅かなものではあるが、決して単純なものではない。彼の衣は誰が作ったのであろうか。彼はこれを何処から得たのであろうか。頭陀袋とて同じことである。またその中には、主として食料が入れてあったと思われるのであるが、それは何処から得られ、何人がこれを作ったのであろうか。酒瓶に至っては、私たちはその背後に、葡萄酒の醸造や陶器の製造を考え、更にまたアテナイの海上貿易まで想像しなければならない。またその食料とても、彼が若い時に見すてて来た、黒海沿岸地方から輸入されたものであったかも知れない。賢者の自足性とは何であろうか。彼はそれらのすべてを自給自足しなければならないのであろうか。しかし彼は、その耕作法を誰に学び、その種子と農具を何処から得、何人の土地にそれを試みんとするのであるか。私たちは犬儒派の簡易生活といえども、極めて複雑な社会的関連のうちに組織されているのを知らなければならない。かくて、私たちが到達したと信じた確実性の一点は、忽ちにして無限の複雑性をもつ延長と化してしまうのである」、と。

田中はここから、「一緒に住むこと」(シュノイキスモス)、つまりは〈共生〉を不可避の条件とする人間にとって、この膨張する共生が必然的に生みだす国家社会についての「最も必要なものだけ」というのはどういうことかを問いつめてゆくのだが、わたしがいま論じたいのはそういうことではない。

わたしがここで、まるで寓話のような、単純にすぎる物言いからはじめたのは、人間にとってその存在のもっとも基底的な条件とでもいうべきこの〈共生〉という事態、とりわけ相互に依存しないでは何ひとつできない、そういう人間の〈弱さ〉が、この社会でどれほど見えにくくなっているかを際だてたかったからだ。

相互依存(interdependence)と協同

相互依存(interdependence)、それはあまりにあたりまえすぎる事実だと言ってよい。個人として生きるというのは、じぶんの面倒をじぶんでみるということだ。食べたいものを食べ、入浴したいときに入浴し、見たいものを見る。そういうセルフ・ケアが独力でできなくなるときは(すでに見たように、そういうセルフ・ケアも実際は見かけのうえでしかなりたっていないのだが）、他人の手を借りるしかない。これもあたりまえのことだが、それがいまの社会のようにひとびとの協働体制がはてしなく複雑に機構化されてくると、他人の手を借りていることじたいが見えにくくなる。

調理、排泄物処理、洗濯、繕い物、看病、出産、介護、葬送、教育など、ひとの生命にかかわるもっとも基本的な営みは、かつては家族や地域の共同の営みであった。が、そのほとんどは、「近代化」の駆動とともに、家庭の外部にある、あるいは地域を超えた、公共制度やサービス機関によって代行されるようになっていった。「必要」へのかかわりを最小限にすることで個人の「自由時間」を増大させるという意味では、人類は皮肉にもディオゲネスの「簡易生活」の理想に技術の進化で応えた、といえるかもしれない。

が、「必要」事を強いている生命上の「欠乏」がそれで消えたわけではない。震災時のようにこうした公共的なサービス機能が停止し、遮断されると、たちまち個人のセルフ・ケアが不能になるから、やはり生命維持をめぐる最低のセルフ・ケアは独力でできる訓練をしておかなければならない……、とここで言いたいのではない。そうではなくて、かつて家族や地域がもっていた〈協同〉の機能が、その細部まで中央管理的なシステムに吸い上げられることで急速に痩せ細ってきたという事実である。それは、いいかえると、「生活の標準化」というかたちで家族が国家による個人管理の細胞としての機能をはたす場へと鞍替えし、「私的なものの抵抗の拠点」としての反対ベクトルの力を削がれてゆくプロセスでもあった。そういう〈協同〉の営みとしての家事ひとつとっても、その合理化、たとえば電化、サービス商品化によって家事労働への幽閉からの女性の解放を促進しはしたが、他方で女性の社会性が非労働の場でしか確認できないような状況がずっと続いてきたわけで、その点からすると、家事の外部化以上に、「協同家事」や「家事空間の共有」というかたちでいわば〈協同〉の視点から同じ目的を追求する道があったはずだ(この点については、米国の初期家政学を再評価した柏木博『家事の政治学』(青土社)一九九五年を参照されたい)。

〈協同〉の力を削いでゆくこのプロセスこそ、福祉政策というより大きな〈協同〉の衣をまとうことでその実「弱い者」をさらに弱体化してゆくプロセスであった。扶養する者—扶養される者、介護する者—介護される者、保護する者—保護される者というかたちで、家庭や福祉施設や学校を一方的な管理のシステムとして再編成し、「弱い者」を管理される者という受動的な存在へと押し込めることになった。女性も老人も子どもも、その対抗性、破壊性を封印され、「可愛い」存在であることでしか安寧を約束されないという体制が社会に浸透していった。そうなりたくなければ「がんばれ」、というわけだ。

「がんばれ」というのは、「強い」主体になれということだ。「強い」主体というのは、みずからの意思決定にもとづいて自己管理ができ、自己責任を担いうる主体のことだ。そういう「自立した自由な」主体が、社会の細胞として要請される。それ以外の者は、「社会にぶら下がる」ことでしか生きられない保護と管理の対象とみなされる。そしてそういう「自立した自由な」主体を想定して、近代の法制度は作られてきた。そういう合理的に行動する市民的個人を前提として近代経済学は作られてきた。

しかし、「自由」というのは、「自立」を、つまりは自己決定と自己管理と自己責任を引き受けうるということをかならず前提とするものだろうか。各人がじぶんの主人であること、そういう意味で、決定と責任の主体でありうるような自己完結した存在の想定なしに不可能なことだろうか。「自由」の概念は、社会の因襲的なくびきから解放された「リバティ」の意識として歴史的には深い意味があったが、「自由」にはもうひとつ、「リベラリティ」という言い方がある。「気前のよさ」という意味だ。

「じぶんが、じぶんが……」といった不自由から自由になることと言い換えてもよい。「自己実現」とか「自分探し」というかたちで、より確固たる自己を求めるひとが、同時にひりひりとても傷つきやすい存在であるようにみえるのは、無償の支えあいという、この「気前のよさ」へと放たれていないからかもしれない。「自立」がじつは「孤立」としてしか感受しえないのも、「支えあい」の隠れた地平、つまりは家族や地域といった中間世界がこの社会で確かなかたちを失いつつあるからかもしれない。

「弱いもの」に従う自由

支える―支えられるという関係はつねに反転する。別の言い方をすれば、依存は「ぶら下がり」ではないし、さらには一方的なものでもない。依存はつねに相互的である。たしかに介護や育児においては「支え」は一方的にみえる。そしてその反転は「支えあい」というかたちではなく、サービス(世話)がサービチュード(隷属)に裏返るという悲惨なかたちでしか起こらないかのようにみえる。が、ケアがもっとも一方通行的にみえる「二十四時間要介護」の場面でさえ、ケアはほんとうは双方向的である。子どもを育てるなかで赤ん坊の笑顔に救われないひとはいないだろう。高齢で、あるいは重度の障害によってほぼ全面的に他人のケアに依存しているようにみえるひとの前でも、いや前でこそ、ひとは「強く」あろうとしてこれまで押し込め、抑えつけることしかしてこなかったじぶんのなかの〈弱さ〉に気づき、それに素直に向きあえるようになろう。意のままになる「じぶんのもの」で周りを固めようとしてきた、そういう存在のこわばりがほどかれるのだ。

この背景には、ちょっとした嘲りや裏切り、挫折や傷心にいまも深く傷ついているわたしがいる。ひとととの思いのずれやもつれのなかで翻弄されてきたわたしがいる。じぶんはほんとうにここにいていいのかという不安な問いを抱え込んだままのわたしがいる。そもそもじぶんが何を望んでいるのかさえ不明であるということもある。そういう「脆い」主体、じぶんについて不明な者どうしが絡みあい、支えあってきたのが、わたしたちの共同生活である。「自己決定」をするにはじぶんに見えないものが多すぎるのであり、自己の存在についてすら「責任」をとりきれないのがわたしたちなのだ。〈老い〉や〈幼さ〉だけが、じぶんで背負いきれないものなのではない。そして、じぶんでじぶんのことが担いきれない、そういう不完全な存在という意味では、だれもが傷や病や障害をふつうのこととして抱え込んでいると言ってよい。「ぶら下がり」

というかたちをとらせるケアの制度化によって、ケアの「専門職」としてその任にあたっているひとは、じぶんが他人によるケアを必要としない「強い」主体だと、(同じくこの制度によって)「弱い」とされているひとの前で思い込むにすぎない。

傷や病や障害を「欠如」としてとらえるのではなく、それをまず「ふつう」と考え、そういう〈弱さ〉のほうから「財と権利と尊厳の分配システムの基本原理の修正」(石川准)を図ることがいま求められているのだろう。そういう視点からすれば、いま立ち上がりつつある「ケア学」や「障害学」などの試みも、「被介護者」や「障害者」の権利擁護や固有性の主張という以上に、「健常者」にとって生きやすい社会とはどういうものかという問いを反照的に立てるものであるはずだ。

「正義、力」と題された紙片のなかでパスカルはおおよそこう書いている。力のない正義は無力であり、正義のない力は圧制的だ。だから、正しいものが強いか、強いものが正しくなければならないのだが、現実には、いずれも不可能であった。そこで、ひとは強いものを正しいとしたのだ、と。「正しいものに従うのは、正しいことであり、もっとも強いものに従うのは、必然のことである」。必然のこと、つまりそうしかしようがないという意味で、そこに「自由」の余地はない。そうだとすると、パスカルの言葉を引き継いで、それを裏返し、弱いものに従うこと、そこに「自由」がある、と言うことはできないだろうか。

近代の福祉思想というのは理念としてはなるほどそういうものであった。が、その「自由」が自己決定・自己管理・自己責任という「自立＝非依存」の思想に再回収され、interdependent な関係は主体たちの〈協同〉としてではなく、公的なシステムによって代補されることになった。いいかえると、ひとりひとりが「弱いもの」にじぶんをインヴォルヴすることでじぶんの〈弱さ〉から（眼を背けるのではなく）放たれる可能性を約めていった。じぶんをほどくことの「自由」を見えなくしていったのだ。

これに対して、〈弱さ〉とは「何かが過剰に相互反応する劇的な可能性」だというのは、『フラジャイル』（筑摩書房）の松岡正剛だ。そのきらめくような言葉を引くと、

「弱さ」は「強さ」の欠如なのではない。「弱さ」というそれ自体の特徴をもった劇的でピアニッシモな現象なのである。それは、些細でこわれやすく、はかなくて脆弱で、あとずさりするような異質を秘め、大半の論理から逸脱するような未知の振動体でしかないようなのに、ときに深すぎるほど大胆で、とびきり過敏

な超越をあらわすものなのだ。部分でしかなく、引きちぎれた断片でしかないようなのに、ときに全体をおびやかし、総体に抵抗する透明な微細力をもっているのである。その不可解な名状しがたい奇妙な消息を求めるうちに、私の内側でしだいにひとつの感覚的な言葉が、すなわち「フラジャイル」(fragile)とか「フラジリティ」(fragility)とよばれるべき微妙な概念が注目されてきたのだった。

あるいは微分回路で震動する感受性と言ってもいいし、中井久夫にならって「心のうぶ毛」と言ってもいい。痛みや震えが身体のクライシスの緊急信号であるように。あるいは、痙攣が「法外なもの」への存在の移行のきっかけになるように。その意味で、〈弱さ〉は存在の乏しさとともに、感覚の過剰とでもいえるものを含み込んでいる。

「人間の弱さは、それを知っている人たちよりは、それを知らない人たちにおいて、ずっとよく現れている」。このパスカルの言葉は、わたしたちに〈弱さ〉についてもっと考えることを要求している。パスカルはこうも書いている。「人間は、天使でも、獣でもない。そして、不幸なことには、天使のまねをしようとおもうと、獣になってしまう」、と。この文章のなかの「天使」を「強さ」に、「獣」を「弱さ」に置き換えて考える、そういう思考を見失わないために、次に、ひたすら弱くあることをわたしたちに求める「べてるの家」の試みを検証しておこう。

5　ホモ・パティエンス——べてるの家の試み

「弱さを絆に」

ここにひとつの深い感慨を書きとめた文章がある。

不思議なものである。人は、語るに値しないと思い封印してきたみずからの歩みを、「私の生きてきた歴史」として語るとき、人のつながりとして知ったとき、無意味であった日々が突然意味をもちはじめる。

早坂潔さんがそうだった。忌まわしい思い出でしかない日々の記憶をうち消し、過去に決別し、気丈に振る舞う。するとそれに立ちはだかるように「発作」があった。逆に、一人の生きてきた人間のかけがえのない足跡として誇りをもってみずからを語りはじめたとき、「発作」は役割を終えたかのように静まっていた。

彼にとっては、語ることそのものが回復であった。「弱さを絆に」とは、彼という弱くある存在を通じて産み落とされた子である。彼と結び合った数限りのない「弱さ」が、いま二五年の歳月と二〇回の入退院を経て、命の息を吹きかけられたように言葉としての存在感をもち、新たに輝きはじめたように思う。

そこには、いまは亡き女好きだった父さんも、酒好きだった母さんも、彼を疎んじた同級生もしっかりとつながっている。彼の人生に連なるあらゆる弱さが意味をもち、殊更に用いられようとしている。誰が欠けてもならない。不必要な人はいない。弱ければ弱いほどその絆は意味をもつ。

これは、浦河べてるの家編『べてるの家の「非」援助論』(医学書院、二〇〇二年)の巻末に載せられた向谷地生良さんによる「あとがき」から引いたものである。

「安心してサボれる会社づくり」とか「三度の飯よりミーティング」といった奇妙な標語をかかげるグループホームが、北海道は襟裳岬のそばにある。千歳空港から閑散とした道を四時間ほど車で走ると、浦河という町に着く。真イカや日高昆布の採れる水産の町であり、陸の奥まったところにはサラブレッドの牧場が広がる。その町外れの一角に、キリスト教会の付属施設として「べてるの家」がある。統合失調症や躁鬱病などの「精神障害」に苦しむひと、もしくはその体験者、アルコール依存症のひとたちがともに暮らすグループホームであり、共同作業所である。

「べてるの家」は、一九八四年に開設された。前身は、退院した精神障害者たちが月一回でもいいから集まろうと七八年に始めた「どんぐりの会」。浦河赤十字病院に勤務する医療ソーシャルワーカーの向谷地生良さんが居候していた浦河教会の古い会堂に彼らが転がり込んできて、いっしょに暮らすようになった。やがて、いまは同じ病院に勤める精神科医の川村敏明さんが合流する。障害者たち、回復者たちの共同作業として、昆布の産地直送や紙おむつなど介護用品の宅配を皮切りに、店舗清掃やメンテナンス、病院の給食関連業務などへと「商売」を広げている。

奇妙なクリニック

川村敏明さんは「治せない医者」を自認し、向谷地生良さんは社会復帰を促さないソーシャルワーカーをめざしてきた。はじめてそのおふたりをまずは勤務先の浦河赤十字病院の病棟に訪ねたとき、ひととおり病棟を見せていただいたあと、「ちょうどカンファレンスをやっていますから」と、廊下沿いのオープンな空間に招き入れられた。

カンファレンス？　何の会議かはよくわからなかったが、とにかく出迎えてくれた「ミスター・べてる」なる早坂潔さんに案内されて、ナースステーションに行く途中の、通路脇にあるドアのない小部屋に入る。早坂さんは海産物を販売している浦河べてるの販売部長だ。ごついからだ、いかつい顔でまるでじぶんの家のようにして病院を案内してくれるのだが、妙に人懐っこいところがあって看護婦さんの人気者である。べてるの家の開設以来の入居者で、ここ二十年ほど入退院を二十回近くくりかえしてきた。患者と営業マンとガイドと風来坊のどれもやっててどれでもない不思議な存在だ。看護婦さんを見つけたらこまめに横に座り、ときに甘えて「抱いて」と前に立ちふさがる。

カンファレンスは、入院して間もないひとりの患者さんとの面談だった。並んで座る川村さんと向谷地さんの前に若い患者さんが座る。その横に早坂さん。別の患者さんたち、べてるのメンバー、看護婦さん、研修者らが続々と入室し、その四人を取り囲むようにして座る。そして司会をするのはなんと、主治医の川村さんではなく早坂さんなのだ。

患者さんがこの一週間の状態を報告する。話を聴いた向谷地さんが、「なんか似てんだね」と早坂さんに水を向けると、早坂さんと患者のMさんとのあいだでこんな会話が始まった。

早坂さん「調子が悪くなったんじゃなくて、何かしてもらいたいことを言えなかったんでねえかな。不平不満ばっかりあったんだわ。おれも向谷地さんに何の不満があるんだって言われたとき、こんなにいっぱいしてもらったことが納得できないってことに腹立って、そのじぶんに腹立っているんだということをまわりの近い人に言えなかった。人にじゃなくてじぶんに不満だっていうこと。だから、ようやっとじぶんが分かってきたっていうか、こう、この病気をやりながら、おれの病気っていい病気だなと思うのは、病気やってて何かひとつ肝心なものを教えられるんでねえかな。無駄でねえていうことを。」

Mさん「……」

早坂さん「Mくんは、ちょっと見たらば、繊細で神経質でやっぱり人のことが気になる。人のことがじぶんのことのように……ならねえか？」

Mさん「やめてほしいことをやめてって言えない。」

早坂さん「そうだ、だからおれと同じ。やめてって言えねえんだ。その、やめてって、肝心要《かなめ》のことが言えねえんだよ。それが病気なんだよ、いわゆる、な（笑）。これは練習なんだよ。だから、たとえば、どんなときでもじぶんを責めないでな、じぶんっていいやつだなって。」

あいだに別の体験者が口を挟む。そんなときよく眼が上に回転してしまったこと、からだの固まり方。会話は、川村さんと向谷地さんの前で、患者さんペースでくりひろげられる。この日は、「いや」って言葉に出さないと負荷がかかってショートするから、じゃあどう断るか、その練習をもっとしようという話になっていった。

「だいぶ馴染んできたのかな。はじめて来た頃は、余所《よそ》のひとが来たっていう感じだったけど、だいぶ溶け込んできて全体としての違和感がなくなってきてる。なんとなく慣れてきているって感じが大事だなあ。順調ですよ」、と最後に川村さん。すると、おまけのように、「表情がよくなったよ」と別の声。

まるで和やかなホームルームのようなおしゃべりが続く。人を刺すような言葉はなく、だれも語ることを怖がらない。ぽつりぽつり、ぼそっ、ぺらぺら、ぶつぶつ……

いろいろあるが、どの言葉にもみんなが耳を傾ける。そして最後の、「順調です」という、川村さんの言葉があざやかに耳に残った。

「苦労をたいせつに」

その日常は、向谷地さんによるとこんなぐあいだ。

一人の女性が「食べるな」という幻聴に耐えかね、思わず「うるさい！」と叫んだ。すると隣に住んでいる女性メンバーが「私が悪口を言ったのがバレたのかな？」と心配になり、廊下にある公衆電話で母親に「誰かが告げ口をして困る」と訴える。すると壁越しに内容を聞いていた別のメンバーが「自分が疑われている」と思い込み眠れなくなる……こんなぐあいに、ドミノ倒しのように心配や不安が連鎖していくのである。

少しの不安やストレスが雪だるまのようにふくらみ、精神症状として発現していく。そして周囲との軋轢が大きくなるにつれて、しだいに孤立感が増し、眠っていた自信のなさや不安がよみがえり、生活全体に影響を及ぼすことになる。

こういう「ドミノ倒し」は果てしがない。べてるの家が販売しているビデオに、VIPではなくてVOP、『ベリー・オーディナリー・ピープル』というのがあって、これまで十巻ほど販売されているが(ダビング自由、いや推奨、実費の一五〇〇円で一巻ずつ購入できる)、そのなかでべてるの家の日常の一端にふれることができる。全編予告編と銘打ったそのビデオでは、早坂さんをはじめ、巻ごとにヒロイン、ヒーローが入れ替わる。激しい「ドミノ倒し」の引き金となる「問題行為」を起こしたひとには、たとえば「主演女優賞」が贈られたりする。

滞在中、「べてるの歌姫」と呼ばれる山本さんが、風呂上がりのビールのジョッキを片手にこんな話を聞かせてくれた。たとえばメンバーが喧嘩して壁に孔をあける、そうするとそういうときのために大工さんも抱えているから、すぐに直して代金を請求する。なんの小言もなく、しかし割引なしで責任はちゃんととらされる。そしてそれを、そういうかたちで二人はべてるの会社に貢献しているというふうに、みんなでやるミーティングで総括する。「べてるっていうのは責任とらしてくれるのがいいね」と山本さんは言う。向谷地さんがこう言葉を足してくれる。「変に甘く無条件に受け入れるというよりも、徹底してそのひとのものはそのひとに返してあげる。キチッと返せよ、って」。

「悩みや苦労を取り戻す」というのが、そのときの合い言葉だ。悩みや苦労を回避するのではない。苦労をさせてもらえないのが「精神障害者」たちであり、むしろ「回復」のためには、ひとりひとりがじぶんの悩みや苦労を担う主人公にきちんとなれるかどうかがポイントになると、べてるの家では考えられている。

なぜか。川村さんが医師の立場からこう説明してくれる。

「いちばん聞きたくないことを医者が言っているような気がするんですよ。たとえばここで「幻聴があるようだね」と言ったって、それによって何が救われているのか？と思います。言葉にしないでカルテに書いたとしてもですよ、それで何が救われているのか？というような。それよりも、「たいへんだったね」とか、「そういう苦労をしてきたのがすごく大事だったんだよ」とか、「応援してくれる人がいっぱいいるから、今度そういう人たちを紹介するからね」とか。そのときはすぐには通じなくてもですよ。聞いている家族やその場が少し和らいでいくとか、安心するというような、そういうことがやっぱり大事なんだろうなと、いまは思うんですけど」。

ソーシャルワーカーの向谷地さんのほうは、「苦労」という言葉で語ってくれる。苦労は生きているひとみんなにある。「治る」というのは生きていくうえでの別の苦労に戻ることでしかない。「だから病気を治すとか克服するということではなくて、人間には生きていく上でいろんな苦労があるよね。どの苦労を選ぶ？　そのセンスを重視するのです。「どんな苦労を選びたい？」と問いかけるのです。苦労を避けて通るとか回避したりするのではなくて、どっちにコロンだって人間苦労だよね、って」と、向谷地さんはいう。荒れて家を壊す患者さんに向谷地さんは「ご苦労さん」と語りかける。あるいは、「こんな生活状況になったからって、悪いけど全然、がっかりしてないからね」と言う。「苦労」のなかに、ひととして生きていることの意味がたっぷり含まれているから、「苦労」の大事さをわかるために、きしみやいざこざも大事にする。苦労の大事さがわかるために。「いかに苦労をしないで済むかを追求するのではなく、あたりまえの苦労との出会いを大切にする援助もそれ以上に大切である」とも、向谷地さんは言う。彼は、ひとには越えてはならない、克服してはならない苦労や苦悩があるということを、神学者、ティリッヒの本から学んだという。病気であることに意味がある、それをみんなで考える、病気になったほうがよかったんだ、と言えるところまで。そして、人間には越えられない苦労があるということを守る装置として、みなで会社を作ったのだという。

「安心してサボれる会社」

なぜ会社なのか。〈世話をする―世話をされる〉という一方通行的な関係のなかで、世話される受け身の存在のなかへ引っ込むのではなく、「商売につきものの矛盾や汚れを積極的に求めてみる」ためである。

「安心してサボれる会社づくり」、それがこの会社のモットーである。朝に起きることのできないひとがたくさんいる。約束は守れない、気分は変わりやすく、すぐに姿を消すひと、根気が続かないひともいっぱいいる。が、向谷地さんは、能率の悪いひとたち、不採算のひとたちを大事にしていくことが会社として企業として大事だと本気でおもった。

向谷地さんはある講演のなかでこう語っている。「その人が仮に会社をサボって休んでも、きっとその人はサボりながら、寝ている枕元で「あぁ今日は仕事休みたいなあ、このままいったら俺、クビになるな、電話しづらいなあ」と思って寝ているであろう。だから、彼のその「思い」を信じるということと、そんな不安な思いで職場を休むのではなく、体調が悪いときは、いつでも安心してバトンタッチできるように日頃から自分の体調を仲間に伝え、代役を確保しておく、そういうコミュニケーションを重視する職場づくりができれば」、と。

だが、あの「ドミノ倒し」の日常のなかで、しかもこんなふうにいつでも「サボれる」会社がほんとうに運営できるのか、だれもが訝《いぶか》しくおもうにちがいない。じっさい、「社員」たちはみなそれぞれに深い挫折の経験があるから、そしてまたそれゆえにだれよりも「負けないぞ」という思いは強いから、そうやすやすと事は進まない。事が進めば進んだで、「知らず知らずのうちにいろいろな野心が芽生え」てしまう。が、野心をもったら行き詰まる。そして「再発」する。それをこれまでもくりかえしてきたのが、ほかならぬ「社員」たちなのだ。だから、じぶんの容量を知ることと、それぞれの容量に見合った苦労とのつきあい方を工夫することが何よりだいじで、だからこの会社では毎朝のミーティングで、じぶんの限界を知っているひとがじぶんで提案する。まず体調を報告したうえで、きょうは何時から何時まで作業をします、と。

むろん、それで会社がもつはずはない。だから、と向谷地さんは考えた。「普通の企業であれば、十人でこなしている仕事を五人でこなせるようになることを重視し、効率をあげようとする。しかし、べてるではそれが成り立たない。一人の仕事を、二人、三人でこなせるようになることが、べてる流の効率化なのだ」、と。そのためには、そこにいるひと、ひとりひとりがみなべてる流の「効率化」を担うしかない。上司も支援者もないのだ。たとえば昆布の販売を始めるにあたってまず必要になった漁業組合との交渉は、「障害者の社会復帰のため」と役場に支援を求めるのではなく、べてるの作業員たちがじぶんでやった。そのためにべてるのメンバーで何度も交渉の練習をした。それに、人手が足りないときは、「先生も掃除にこい」と医師の川村さんも作業所の仕事であるスーパーの清掃作業に駆りだされ、「ほれ、あんたもうちょっとビシッとやりなさい」とスーパーの従業員に注意されて、べてるの家のみんなが喝采する。そういえば、教会の牧師さんも作業員のひとり。だから昆布や介護用品の配達も仕事のひとつ。おむつ片手に走り回る。「治療する」「説教する」ひとはここにはだれもいない。

医師の川村さんがとてつもなく「いいひと」だから、そんなふうに事が運ぶのではない。川村さん自身、なによりもじぶんが「病気があまりにもマイナスという見方だけで決められてきたという、そういう暮らし方から卒業したい」とおもっている。その川村さんがこう言う。「病状だけで社会生活ができるかできないかなんて決められない。病状もひとつの目安にはなりますけどね。何よりも仲間に受け入れられているということのこの強さがあれば、かならずやっていけんじゃないかな、とおもいます。何にもできなくても、仲間といっしょにやれる力があるかどうか。仲間とやっているんならかならず生きていけます」。

語りあうことの意味、「再発」することの意味

「仲間といっしょにやれる力」、それを身につけるためにあるのが「ミーティング」だ。「三度の飯よりミーティング」と言われるくらい、毎日何度も「ミーティング」をおこなう。仕事をしている時間よりも話しあう時間のほうがはるかに長い日もめずらしくない。ここで何かが解決するわけではない。ぐちゃぐちゃ果てしなく話すだけである。が、そのぐちゃぐちゃがいいのだ、と言うのが先の早坂さん。「「ミーティングなんかで解決しない」、それがいいんだわ」、と。問題を提示し、解決策を相談する、というふうには「ミーティング」は進まない。ああでもない、こうでもないと、語り

あうことそのことがたいせつだと、だれもが身にしみて感じているからだ。だから、べてるの家にだれかを受け入れるかどうかもメンバー全員の相談で決まる。

どうしてみんなで「語りあう」のだろうか。どうして「治さない」のだろうか。じぶんに向きあう態度がたいせつ、じぶんの脆さをどう語れたかがたいせつだと考えるからだ。苦労にこそ、病いにこそ、意味があると考えるからだ。その意味にふれることを奪われてきたのが、べてるの家の人たちだと考えるからだ。

「ミーティング」のなかで、たとえばこんなことが起こるんです、と向谷地さんは説明してくれる。「病気を体験した同士なのに、「あんなやつは来てもらったら困る」とか「あいつは俺より仕事をしないのに給料が同じなのはおかしいじゃないか」という文句が出てくるんですよ。じゃあ、あいつのクビを切ってもっとましなやつを採用しようかとなったときに、ハッと気がつくわけです。自分がいままで会社でされてきたことをしようとしている、と」。

次に引くのは、自身も「精神障害」で長らく苦しんだ、べてるの家と取り引きのある会社の「社長」の言葉だ。

私の会社には、べてるから毎日三、四人のメンバーが働きにきています。ゴミ処理の仕事や、ホームセンターやスーパーから委託を受けている配送の仕事などです。もう八、九年つづいていて、トラブルもいろいろ起きますが、メンバーの成長を目の当たりにできるのは、喜びでもあります。

近年、私がいちばん困ったメンバーにA君という分裂病の青年がいます。彼といっしょに仕事をする人は大変でした。出勤時刻を守れないし、途中で帰ってしまうこともあるし、何を話しているのかわからないことも多いからです。もちろん、私の会社では問題があるたびに彼と話をしますが、それで次の日から変わるようだったら、彼はべてるにいる必要はないでしょう。やっかいなことに、彼は勤労意欲満々というめずらしいメンバーで、なかなか休んでもらうことができません。病状が徐々に悪くなり、皆がかなり参ってきたころ、私は社員にこう言われました。

「A君を個人的に否定するつもりは全くないが、会社は仕事をするところであり、その仕事に支障をきたしている彼には休んでもらうのが自然なことではないのか」と。

もっともな意見で、本来なら経営者である私が、とっくにそう判断していなければいけないところです。ところが私は、彼に辞めてもらおうとはそれまで一度も思わなかったのです。私は考え込んでしまいました。なぜ私はA君を休ませなかったのだろうか、と。自分が優柔不断だからか？　それもある。彼のひたむきさが伝わってくるから言えないのか？　それも理由の一つだ。でも、それだけではない。私は考えました。そして気づいたのは、私はべてると一〇年かかわるうちに、人を選ぶということにひどくいい加減な人間になってしまっていた、ということだったのです。

かつての私は、どうでもよい些細な事柄でまわりの人間を峻別しては、嫌ったり嫌われたりして人間関係をこじらせてしまうのが得意でした。その私が「選ぶ」という行為を放棄してぼんやりしてしまっていたのです。それは無意識のうちに、人生でどんな人と出会うかは、じつは選べそうで選べないことだと思うようになった自分と出会うことでした。これは、なかなか愉快なことでした。

（小山直「浦河で生きるということ」、『べてるの家の「非」援助論』所収）

「人を選ぶ」ということの不遜。「人を選ぶ」という態度が、結果として、みずからを「人に選ばれる」存在に貶《おとし》めてしまう。そんな因果論理が、ふつう会社で問いただされることがあるだろうか。およそ企業の運営が「生き方」の問題として問われるというようなことが。

病んでいるとだれでも楽になりたいとおもう。会社がうまく行きだすと、だれもがさらに効率を考え、成長を考える。そうして、「降りる」ことからもういちど「昇る」ことへの欲望がふと兆す。あたりまえのことである。ところが「不思議なことに、「精神障害」という病気はそれを許さない。「再発」というかたちでかたくなに抵抗する。まるで「それはあなた自身の生きる方向ではないよ」と言っているかのように……」（向谷地生良「地域のためにできること」、『べてるの家の「非」援助論』所収）。

「再発」、それがじつはこの「企業」を危機から救うのだと、向谷地さんたちは本気で考えている。こういうセンサーをもったひとを排除することこそ、「企業」にとって最大の危機である、と。「がんばり」こそが「企業」を危うくする、と。向谷地さんたちによれば、「発病」は「関係の危機を緩和する装置」として働いているのであって、こういう緩和装置をもたないと集合態はただのマシーンになり、ひとりひとりは歯車としてただただ回転するか、きしんで停止してしまうか、その両極へと追いつめられる。容量以上にがんばったら、その無理、そのがんばりがこうしてひとを追いつめる。「発病」はそういう「無理」の緩和装置であり、それは、病者でないひとたちの、発病しないでいるというもっと深い「発病」を知らせるのだ。「がんばる」という無理、ひとを「選ぶ」という不遜、「治る」というかたちでの苦労のいたずらな倍加……。「苦労」は越えたり、克服したりしてはならないという思想から生まれたべてるの家の試みは、ここ数百年の文化をそっくり裏返すような問題を提起しているとおもう。「発病」や「再発」の意味を問いただすこと、それが「会社」の――いやこれをひっくり返して「社会の」と言いなおすべきだろう――意味を問うことであり、そのために「ミーティング」があったのだ。

まるで「ひととしての生き方」をめぐる哲学の議論をしているような「ミーティング」。それをめぐる向谷地さんの確かな言葉を、次にどうしても引かないわけにはいかない。

将来、ソーシャルワーカーをめざす福祉の学生が「べてるの家」に見学に来て、

「こんなに日常的に生き方を議論しあっている大人を見たことがない」と言ったことがあるんですね。私は、逆に「どう生きるか」をいつも目に見える形で突き詰めないと生きられない人たちがいわゆる精神障害者であり「べてるの家」の人たちだと思っています。

つまり、どう生きるかということを青春時代のエピソードとして、終わらせることなく過剰なまでに抱え込んできた人たちなんですね。ふだんは多くの人たちが心の奥底で人知れず悩むことを、私たちは、「べてるの家」で昆布やおむつという商売をしながら、正面切って語り合ってきたわけです。それをずっとし続けてきたら、地域の人たちが少しずつ「こう見えても実は私もね」という形で、語りはじめた。精神障害ということで病院のカルテのある人たちよりも、カルテのない人たちの悩みの現実の方が深刻ということさえ起こってきたんですね。……

「私たちが普段の暮らしのなかで忘れてきた、見ないようにしてきた大事なものを、精神障害という病気を通して、教えてくれている人たちなんだね。あの人たちは嘘を言ったりとか無理をしたりとか、人と競ったりとか、自分以外のものになろうとしたときに、病気というスイッチがちゃんとはいる人たちだよね。……

私たちの隣に、そういう、脆さを持った人たちが居てくれることの大切さを考えたときに、とっても大事な存在だよね。社会にとっても大事なことだよね」。そういう思いが、いま、静かに地域に満ちて来ているような気がします。

語ることを封じられたひとたち、〈苦労〉をじぶんの責任で引き受けることを免除（＝禁止）されてきたひとたちに、〈苦労〉を贈り返す。そしてそのなかで、傍らにいるスタッフも、さらにはべてるの家と交わる町民もが、ほんとうは同じように抱え込んでいるじぶんたちの〈苦労〉に気づいてゆく。そう、「ドミノ倒し」がこんどはポジティヴなものへと裏返ったのだ。

「ひとりで勝手に治るなよ」

べてるの家では、「幻覚妄想大会」といって、ひとりひとりがじぶんの幻覚や幻聴を披露するパーティが開かれる。みんな和気あいあい、じぶんを悩ますじぶんのなかの「幻聴さん」について語る。あるとき、そのひとりに向かって、向谷地さんは、「幻聴を追っかけて岐阜まで行ったひとだからすごい行動力があるんですね。すばらしいです」と、そういう祝福の言葉を返していた。妄想や幻聴も「特技」としてとらえられている。「病気は治るより活かすです」とは、川村先生の弁である。ここでは、語ること、聴くことに圧迫がない。べてるのこの場の寛ぎはすごいものだ。じぶんを演出したり、他のひとと競って知らぬまにじぶんを見失うということがない。川村さんの、朴訥と、そして淡々と紡ぎだされたすばらしい言葉がある。

分裂病の症状、たとえば幻聴の症状を取ることに生涯をついやしても、いまのように自分に幻聴があるんだということをみんなの前でおおらかに話せる社会を作るほうがいい。病気があっても損しない社会ですよ。精神病なんていうのは、まわりにばれちゃったらひどく損するものじゃないかと、そういう恐れを抱かれてきた病気です。でもその恐れを抱かせたのは、わたしたち治療者のほうの態度だったんですよ。治療者自体が病気を恐れている、再発することをいつも恐れているんですから。いいじゃないですか、再発したって。ぼくはいつも言いますよ、もう二、三回入院しないといけないとか、予定どおり再発するよね、とかね。病気に対しても構えがおおらかであるということ自体がとてもたいせつなんです。

支援しなければならないひととして見ることが、「病む」ひとたちの生きづらさを余計に生みだす。ケアを受けるひととして、「病む」ひとを受動的な存在に押し込めてしまうからだ。「してあげる」ひとであることの可能性を奪い、「してもらう」ひととしてのあり方に閉じ込めてしまうからだ。それに対して、ひとがそれぞれに抱え込んでいる生きづらさをいっしょに担うこと、いっしょに考えること。無理をしたり、容量以上にがんばったとき、その無理、そのがんばりを緩和するために「再発」があるということ。だから、ひとりひとりのひとをまずはそのままで百点と見ること。そこから病いというかたちをとるかどうかは別として、どういう苦労を抱え込んでいるか、その意味をいっしょに考えること。そうしてそれらの意味を「束ねて」ゆくこと。ここにべてるの家があくことなくミーティングをくりかえす理由があるのだろう。牧師も医師も「精神障害」に苦しむひとにじぶんの悩みを聴いてもらう、じぶんがほんとに情けなくなって落ち込んだら、じぶんが気になるひとが立派だったらそれでいいと考える。そういうことが日常的にあっていい。そこからこそ、「普通」のひとでも「精神障害」のひとでもない、〈ホモ・パティエンス〉(苦しむひと)として人間を見るということが、社会生活の出発点として取り戻されることにつながるのだろう。

「弱いところのそのまた弱いところの、その中の弱いところがすばらしい」と向谷地さんと川村さんは言い切る。「弱い」ということがもつ意味をふたりは執拗に探る。だから再入院ということも、ここではけっしてネガティヴに考えない。「順調、順調。再入院したけど俄然いいね。順調だからじぶんを責めるんじゃない、失敗じゃないんだから」と言う。

そして、悩みを、ひととしてあたりまえの苦労、「超えてはならない苦労」としてまっとうに引き受けなおすなかから、次のような不思議な物言いが生まれてくる。

「あの悩み、いい悩みなんだけどなあ。」

「おぉ、その悩みを捨てるなんてもったいない。」

「あの人の苦労、けっこういい線いってるねえ。」

こんな言葉がべてるの家では、だれからともなく交わされるのだ。

ここで共有されているのは、ひとりひとりが抱え込んだ困難に当人がひとりで解決にいたるにはひとはあまりに微力であるという痛い想いである。だからこそ、たとえそれがきしみや摩擦をさらに倍加することになろうとも、それでも、ひとのあいだで揉まれ、ひとに手を差しのべ、ひとともに歩むことがたいせつになる。ひとりひとりの存在が抱え込んだ問題は、その存在がはじめから他者との関係のなかで紡ぎだされてきたかぎりで、《社会問題》だからである。そもそもだれしもじぶんの名前はじぶんがつけたわけではないし、その顔もじぶんに対してあるわけではない。「何に対してじぶんがじぶんであるかという、その関係の相手方が、つねにじぶんを測る尺度となる」とはゼーレン・キエルケゴールの言葉だが、だれをじぶんの他者とするかという、そういう関係の紡ぎだし方が、ひとりひとりに固有の苦労を、したがってまた固有の存在を証することになる。だから、「べてるでは、誰からともなく「勝手に治るなよ」とも言われる。「一人ぼっちで勝手に治ると、病気のときよりも始末が悪い」からである。こんなことが、一つのことわざのように当事者から当事者へと伝えられていく」(向谷地生良「弱さを絆に」)。

べてるの家で学んだこと、それはとても単純なことだった。したことに責任を持たせること、じぶんとちゃんと向きあっているかぎりは「だめ」と言わずにそのまま肯定すること、他人を思いやる気持ちをいちばんだいじにすること、じぶんたちがいいと思う方向を示すこと、存在そのものがそれぞれに多様であることを徹底して認めるること、これだけあればなんとかなる。そのことを教えてもらった。このようなまなざしを身に貫かせること、それは「ケア」や「援助」のすべての現場に居合わせるすべてのひとの課題でもある。

底なしにおおらかな川村さん、向谷地さんとも、なごやかでぴったり息が合っている。「順調、順調」と確認しあうときの、あのいたずらっぽい顔が忘れられない。それぞれが家族をあげて、産毛のような眼で「病む」ことの過程をつぶさに見、引き受けたうえで、「順調、順調」と言いあえるようになるまでの果てしない時間の澱《おり》は、おくびにも出さない。いや、一度だけ、そっと漏らした。

「笑うしかないことをいっぱいやってきたんですよ」。

6　肯定と否定のはざまで

「できない」ということ・再々考

〈老い〉を論じて、なぜ、わたしはこんなにも長く精神障害体験者のグループホームであり共同作業所である「べてるの家」の試みにこだわることになったのか。それは、〈老い〉への問いを障害への問いにリンクさせる必要があったからだ。

〈老い〉は、何かをできなくなっているじぶんというものへの気づきをきっかけに現われる、と2で書いた。あるいは、〈老い〉というものは、何かが「できる」という意識の様相変換として、あるときふと意識されるものである、と。老いゆく過程で、ひとはある日あれもこれも「できなくなった」と認めざるをえなくなったその状態を、ふたたび(装置などをつけて)別のかたちで「できる」状態へと修復することを、ときに足掻きもしながらくりかえす。そのくりかえしのなかで、「できなくなった」という事実をもやむなく受け容れてゆく。しかし〈老い〉のこの過程を、「深まっていくというよりも、削ぎ落としていって、しだいに軽くなる状態」としてとらえなおすこともできると、栗原彬は言っていた。それをいいかえれば、〈老い〉とともに、ひとは人生を「できる」ことからではなく、「できない」こと、もしくは「できなかった」ことから見据えることができるようになるということでもある。このことが意味していること、つまり「できなかった」ことのほうからじぶんを見つめなおすようになるということは、何をする(あるいは、していた)かというよりも、じぶんが何であるか(あるいは、あったか)という問い、さらにはじぶんがここにいるということの意味への問いに、より差し迫ったかたちでさらされるようになるということである。そこまでは述べた。

　さて、わたしのいう「できる」ことと「できない」ことの対比を、「する」ことと「ある」ことの対比というかたちでさらに突っこんで論じているひとがいる。芹沢俊介である。芹沢は三好春樹との共著『老人介護とエロス』(雲母書房、二〇〇三年)のなかで、おおよそ次のような議論をしている。

　ひとの生を「する」ということを基準に考えるかぎり、老いるということはひたすら「する」世界が縮小してゆく過程をたどることだ、という認識を超えることは不可能である。しかし、あれもこれも「できなくなる」ということは、ほんとうに「する」ということの不能化とみるだけで尽くせるのだろうか。わたしたちの社会は、基本的に、「できるという能力、あるいはできたということの実績をもとに評価がなされ、〔その〕評価に基づいていくらかの報酬を得る」というかたちでなりたっている社会である。たとえば学校では、子どもはいつも「する」存在として評価される。「あなたは何ができますか」「どの程度できますか」ということがつねに問われるのである。が、これは学校だけのことではない。社会全体が「学校化」している現在では、入社試験、資格試験、昇進試験……というふうに、定年を迎えるまで「何をしたか」「何ができるか」という評価がつねにつきまとう。これに対して、「老いの過程というのは、ようやくこの「する」のくびきから脱し、「ある」という段階に戻れる状態に入ったことを意味している」。ところが、わたしたちの社会では、〈老い〉をとらえる価値観が、「する」というところに押し込められたままになっているので、「する」から「ある」へ戻ってゆくことがストレートに肯定できないままになっている。ここから芹沢は次のように論を推してゆく。

例えば極限的な身障者、つまり生まれたときから言葉もない、動くこともままならない、目も見えないという存在を想定してみます。そういう存在は何をシンボリックに語っているかというと、結局「ある」ということなのです。「ある」こと自体が価値だということを示しているのです。

ところが「する」という眼差しから、この極限的な身障者を見たときには、全く価値がないということになってしまいます。社会的に何ができるのか、自分に何をしてくれるのかという側面から問いかけたら、価値はゼロ、ことによったらマイナスとさえみなされてしまうのです。なぜならば、私たちがその人のためにいろいろなことをしなくてはいけない、「する」を強いられるからです。極限的な身障者というのは、ここで重度に介護が必要なお年寄りと、赤ちゃんのイメージと重なってきます。

ここでとくに気をとめたいのは、「する」というまなざしのもとでは、ひとの「ある」へのかかわり、つまりはケアといういとなみが、否応なく「する」へと転位させられてしまうという、最後のところの指摘である。他者のケアが、そこでは、「してあげたいこと」「してあげないといけない」ことへと還元されてしまうのである。これは二つの点で悪循環をもたらす。ひとつには、ケアされるひとを「被介護者」という、いっそう受け身の存在にしてしまう。「こんなことまでしてもらって申し訳ない」という遠慮を強いることになる。他方、介護者のほうは、「あれができなかった、これもできなかった」というふうに、介護のさなかに、あるいは介護のあとに、じぶんを責めることになる。ケアという、他者へのかかわりに懸命なひとほどそうである。「ある」を「する」からしか見られないというのは、「する」ということの内実をも簒奪してしまうのである。

「できない」ということは言うまでもなく、「する」ほうから見るから「できない」のである。そして「できない」ほうから「する」を見ると、あることを「できない」こととしか見えなくさせている「する」の仕組みのほうがむしろ浮かび上がってくる。「できない」ことの多くは、「できる」ことと「できない」ことを仕分けて「できる」ことのほうから行動の環境がかたちづくられ、行動の制度が組み立てられているからこそ「できない」ことにすぎない。たとえば、脚や腰に障害があるひとが地下鉄にひとりで乗れないのは、段差がいろいろな場所にあるからであって、床をなだらかにしエレベーターを完備すれば、ひとりで乗れるのである。病気についても同じことがいえるのであって、べてるの家の川村医師が「病状だけで社会生活ができるかできないかなんて決められない」とか「病気があまりにもマイナスという見方だけで決められてきたという、そういう暮らし方から卒業したい」と語っていたのも、向谷地さんが「人間には越えたり、克服したりしてはならない苦労がある」と語っていたのも、そういう見方からである。「できない」ことを「できる」ようにするより、「できない」ことを「できない」ことでなくすことのほうが重要だというわけだ。

「ある」を起点に

だとすると、べてるの家は、「ある」という視点から、「する」を基準とする社会を撃つ試みであることが見えてくる。

「安心してサボれる会社づくり」というのが、べてるのスローガンのひとつであった。「三度の飯よりミーティング」というのもそうだったが、ふつうの社会常識からすれば冗談ともとられかねないモットーを、じぶんたちの最後の、というよりむしろ出発点の拠り所として発見したのが、べてるの家なのであった。

「安心してサボれる社会」というのは、ひとに代わってもらうことのできる社会、ひとに任せることのできる社会ということだ。が、ひとに任せるというのは、責任を免れるということではない。ひとに代わってもらえる、任せられるというのは、あたりまえのことだが、じぶんが代わってあげる、任されるということでもある。「一人の仕事を、二人、三人でこなせるようになること」、ふつうの企業とは反対の「効率化」、それがべてる流のやり方であった。それが interdependence ということの意味であった。

「安心してサボれる会社づくり」という言い方でべてるの家がめざしてきたのは、じぶん独りで決めなければならない、責任を独りでとらねばならないという前提で組み立てられた社会の制度そのものの物語の外にでること、つまりは《自己決定》とは別の決定の論理、《自己責任》とは別の責任の論理を紡ぎだすということである。その意味で、べてるの家は、「弱くある」ということの意味を質《ただ》すなかで、interdependence によって編まれた社会というものを構想するその根拠を問いつめてきたのだといえる。べてるの家は、「ある」という視点から「する」を基準とする社会を撃つ、とわたしは書いた。「がんばると再発する」というのを、べてるのひとたちは、「ある」をおのれの内に回収するのではなく「ある」の内にきちんと根を据えた「する」の形態を追求すべしという信号としてとらえている。だから、うまくいきだしたときにふたたび、「昇る」という仕方で「がんばる」という無理に走ると、すぐに発作というスウィッチが入る。ひとを「選ぶ」という不遜にはまると、結果としてみずからをひとに選ばれる存在に貶《おとし》めることになると思い知っているので、「ひとりで勝手に治るなよ」と言いあう。「ひとりで勝手に治るなよ」——それは、「ある」と「ある」の関係からじぶんたちの関係を遊離させないという決意を示すものであろう。「ともにする」協働ではなく、「ともにある」という共存の地平から紡ぎだされてくる意味、そういう場所に踏みとどまりつづけようとするからこそ、病むという「苦労」をべてるの家では大切にしていたのだ。

「ともにする」ことで意味を創りだしてゆくのではなく、「ともにある」というその場所から、意味を紡ぎだしてゆくということ。苦労の意味もそこにある。じっさい、「ちゃんと責任をとらせてくれる」というのが、他にはないべてるの家のいいところだと、ひとりのメンバーが言っていた。ちゃんと責任をとらせてもらえること、ふつうの「苦労」の主人公に戻れることをこそ、べてるの家のひとびとは求めているのであった。社会一般から制度的に求められることではなく、ひとりひとりがそれぞれに特異な者として隣りあうなかでじぶんに求められることを、である。

とはいえ、「ある」と「ある」の関係、そして特異な者がそれぞれに特異なものとして接触しあうような関係といえばふつうにはなんとも弱体なものに映るにちがいない。それは、「する」と「する」の関係によって社会の諸制度が緻密に組織されているからこそそのなかではじめてなりたつものではないか、と。たとえすべてのひとが「弱さ」をその核に隠しもっているにしても、それを乗り越え、あるいは抑え込んで、生活の秩序や制度をかたちづくることによってしか生活そのものが維持できないではないか、そして「弱い」者たちの関係はそうした「強い」者たちの「する」によって支えられているはずであり、「する」が不在であれば「ある」もまた滅びるしかない、と。そして、文明とは「弱い」人間がその「弱さ」を克服してゆく過程だったのであり、「弱さ」を「弱さ」として大切にするためにも「強くある」ことがどうしても求められる、と。

しかし、べてるの家が探っている〈弱さ〉の意味は、強さ／弱さという対比のなかで語られる「弱さ」なのではない。むしろ、強さ／弱さという二分法をいわば解体するような思考をたぐりよせるためにこそ、「弱いところのそのまた弱いところの、その中の弱いところがすばらしい」と言われていたのだった。

暴力としてのケア

しかし、〈弱さ〉がすばらしいと言い、そして「ある」と「ある」の関係としてそれを肯定しうるところにたどり着くまで、〈弱さ〉は何度もぺしゃんこに踏み潰されたにちがいない。〈弱さ〉とは、それを否定するものに無防備に晒され、押し潰されるほかないものであるがゆえに、弱いものだからだ。いいかえると、〈弱さ〉は暴力を呼び込む。弱い者は、ただ傷つきやすいのみならず、痛ましいことに、それじたいが他からの攻撃を誘発してしまう存在である。したがってまた、弱い者を助け、支えるケアの現場は、ケアという行為そのものが暴力すれすれの危うさを隠しもつだけでなく、ケアが暴力そのものに反転してしまう可能性を拭うことのできない空間でもある。

老人介護という場所において、ケア者の思いとは別にさまざまな暴力が否応なく発生してしまうその機制については、天田城介が近著『〈老い衰えゆくこと〉の社会学』のなかで、夥しい言葉を費やして論じている。

先に1でも述べたようにそもそも介護を受けるということは、それじたいが本来他者に秘匿してきたみずからの身体のケアを、否応なく他者にゆだねるということを含む。いいかえると、自己の身体を無防備にさらけ出さざるをえないということ、そういう徹底した受動性にはすでに、他者からの侵蝕を受けるという「暴力性」が織り込まれている。そうした状況でひとは「こんなことまでしてもらって申し訳ない」とおもうがゆえに、その辱めを辱めとして口にすることはできない。つまり、他者から介護を受けるという受動性に孕まれた「暴力性」はこのように、それを口にできないということで二重にならざるをえないのだ。

介護を受ける者はそれがどういうことか分かっていても、介護を受けざるをえない以上、そうした二重の「暴力性」を身をもって引き受けるしかない。しかもその間に、「お世話になって申し訳ない」「肩身の狭い思いをする」、さらには「じぶんは厄介者だ」「生きていてもしようがない」という蔑みはだんだん深まってゆく。そして、「高齢者が自らの意思としてその暴力(受動性)を欲望しないかぎり、介護提供者は否応なく無理強いをせまることになるから、高齢者の鬱憤とやり場のない怒りは介護提供者に向けて放たれることになる。当然ながら、それは介護提供者への「攻撃」と化す」。辱めを口にできない被介護者の鬱屈が「攻撃」へと転化することで、「高齢者と介護提供者の関係性には齟齬が生じ、両者の関係はまるでお互いに棘を刺しあうヤマアラシのような状態となる」。

「ヤマアラシのような状態」は、被介護者の受動性だけが引き起こすものではない。介護者のほうもまた、「優しさ」「暖かさ」「倫理」といった、おのれのケアを包む「福祉イデオロギー」によって、誰彼にも等しく「親密に」接しなければならないという、そういう強迫に駆られ、その強迫が被介護者の現実との落差のなかで、暴力へと反転してしまうことがしばしばある。たとえば認知症の高齢者のケアの場合をとりあげて、天田は次のように描写する。

高齢者の「「忘れたこと」を忘れた状態」であることは感受しているという幾重にも深い〈不安〉のなかでの「いつもどこかになくなっちゃう」という切迫感は、すぐそばにいる「なぜそこにいるのかよく分からん」他者であるヘルパーやケアワーカーへと投射されて、「あんたが財布を盗んだ！」「ここの人間はみな泥棒だ！」という事態を生起させてしまう。こうした悪循環のループにヘルパーやケアワーカーが繰り返し対応するにつれて、「またか」「何度やれば気が済むんだ」といった憤怒は強くなり、自らの介護が「無意味」であるように感受されてしまう結果、ほとほと疲弊しきってしまう。こうした疲弊感・無力感は「何度となく説明しても同じことを繰り返すので、いいかげん説明しても無駄」という帰結を出来《しゅったい》する。……

〔このように〕ヘルパーやケアワーカーは、高齢者からの暗黙の拒否・拒絶を受けながら日常業務を遂行することになるので、両者の関係は著しく緊張を孕んだものとなり、時に高齢者は「こんなところにいたら殺される！」「ここは鬼のような人間たちばかりだ！」「あんなのに世話されていたら身が持たない！」といった拒絶感を示す。

被介護者と介護者との小さな齟齬は、こうしてすぐに膨らみ、泥沼のようになってしまう。この過程は「重症」の精神病棟の光景に重なると、天田はいう。そしてゴフマンの『アサイラム――施設被収容者の日常世界』（誠信書房、一九八四年）のなかの次のような一節を、自身で一部補足しながら引いている。

「〈重症〉病棟に入院させられた者たちには、どういう種類のものにしろ備え付けの器具は何も与えられていない」が、それでも何とか必死に彼／彼女らが自らのアイデンティティを維持＝救済しようとすれば、「施設に対する敵意は、椅子で床をがたがたさせるとか、新聞紙を鳴らして耳障りな破裂音をさせるとか、乏しい数の目的には不向きな用具に頼るより手がないのだ。備え付けの器具が病院に対する拒絶を伝えるのに不適当であればあるだけ、することはいっそう精神病の徴候らしく見え、管理者側はますますその患者を重症病棟に入れるのは正当だと感ずるのである(そして備え付けの器具は奪われるであろう)。患者は管理室に入れられると、裸でこれという表出の手だてもないので、腹が立てば、マットレスを食いちぎったり、大便を壁に塗りたくったりする(そしてこれによって身体の拘束が正当化され、その結果、患者は自らのアイデンティティを維持するためには自己の世界へと埋没し、「妄想」や「呻き」といった状態に陥り、それが更に病院収容の正当化の証拠となってゆくといった悪循環へ)。――これらの行為こそ管理者側がこの種の人物には隔離が正当と判断する行為なのだ。」

ひととしてぎりぎりの矜持をやむをえず手放さざるをえない要介護という状況、そこで被介護者はその苦痛を表出することじたいをみずからに禁じなければならない。そういう表出の自己抑圧がときに「拒絶の不適当な表現」と結びつき、その「表現」の出来が根拠となってこんどは介護者による身体拘束が正当化され、それに直面した患者はその内部世界へさらに深く閉じこもることになり、その姿が医師や介護者によって「妄想」という位置づけを受け、重症病棟への収容が決定される……。こういう逃げ場のないループが、高齢者介護の現場をも支配している。

逃げ場のないループ

こうした悪循環は、いまの高齢者介護の現実を象徴する事例ともいうべき老老介護においても、別のかたちで発生していると、天田は指摘する。高齢者夫婦という「老い衰えてゆく」者のあいだで、思いの違いが引き起こすもつれ事をことこまかに採集したあとで、天田はいう。

> 夫にとって「妻が老い衰えてゆくこと」は、自らの「夫」たるアイデンティティを脅かすこととなり、「目が見えない苦悩は分かるが、キチンとしろ」と怒っ

てしまうのである。だからこそ、「だけど、言わなかったらそのまんまだし、キチンとして欲しいんだよ」と語りはじめるのである。

一方、妻にとって「自身が老い衰えてゆく」ことは、「何でも悔しい悔しい」という重苦の体験であり、なおかつ、夫に「キチンとしろ」と繰り返し指摘されることは「イライラ」して、「しようがないじゃないか！」と一層焦燥感に煽られるような経験なのである。

ところが、その一方で、妻は「夫に(家事を)やってもらって悪い」という「罪の意識」を抱えている。こうした「罪の意識」は「本来であれば妻がすべき役割」に対して「そうできない／そうしてない自分」との距離から生起しており、妻はこのジェンダー規範による解釈へと呪縛され、一層苦しんでいる。

このように夫は役割の協働化を図りつつも「夫」としてのアイデンティティを保持するために妻が「妻」であり続けるように怒鳴るのに対して、妻はこうした夫の行為に焦燥し、葛藤しながらもジェンダーの呪縛に囚われながら「罪の意識」を抱えてしまう結果、夫婦双方が役割の協働化とは裏腹に観念化したジェンダーによって「老い衰えゆくこと」をめぐる関係性を維持し、反復的に「親密性」を形成しようとするのである。言うなれば、夫婦がそれぞれジェンダーへと囚われながらアイデンティファイすることの相互依存の結果として「親密性」は新たに形成されるのである。

共犯的に形成されるこの「親密性」は、「自分たちしかいない」「あなたでなくてはだめなんだ」という思いのなかにふたりを閉じこめてゆく。「あなたでなくてはだめなんだ」と言われた妻は「一縷の喜びと同時に幾重にも深い葛藤」に揺れることになる。そしてもし夫婦の一方(とくに妻)がパートナーを施設入所させざるをえないことになれば、そのことに対して、じぶんやまわりの人間を納得させうるだけの「動機の文法」が必要となる。

天田は、そういう「社会的機制」こそ問題なのだという。「家族の愛情」というイデオロギー、そしてジェンダー規範、そういう言説とレトリックに依存するかたちで強迫的に「親密性」をみずから作りだそうとしてしまうことで、「なぜ家族がケアを担うのか」が不問に付されることとなり、そうして高齢者夫婦においては介護じたいがしばしば痛ましいものになってしまう。「高齢者夫婦の介護にあっては、「やるしかないです。どんなにしたって夫婦ですから」というかたちで堪え忍ぶというかたちで（つまり「家族イデオロギー」の過剰な規範性によって）、「限界ギリギリ」（仲むつまじい夫婦！）まで追いつめられる」ことになるというのだ。天田はそこから、高齢者夫婦の親密性はその老いの過程において緩やかに終焉するという思想が紡ぎだされてゆくべきだと、つまりは「夫婦」は緩やかに終わるべきだと提案するのだが、この点については認知症の問題とからめて次章で別のかたちで論じることにする。

置き去りにするケア

施設介護あるいは老老介護のなかでこのように幾重にも発生してしまう「暴力性」はしかし、加害者／被害者という単純な図式のなかに位置づけるとしたら、それは誤りである。それはさまざまのイデオロギーやレトリック、さらにはそれに起因する歪《いびつ》な制度が錯綜するところで発生しているものだからである。介護の実際の現場を見てみれば、騙し、隠蔽、脅し、仕置きから、かわし、ごまかし、取り繕いまで、まわりから見れば「暴力的」ともみえる「技」が、どうしようもない状況のなかでそうした状況をうまくすり抜けるために出されることが、日常茶飯事としてある。

以下は、ふだんケアの現場についていろいろ教わっているわたしの若い友人たち——老人保健施設で働く看護師、小児病棟で働く看護師、看護学校の教師、リハビリに取り組む理学療法士——と、「傷つけるケア」という名で開いている勉強会での、彼らの発言の一部である。

A：「傷つけるケア」なんていうと反発を喚びそうだけれど、やっぱりあえて「傷つける」としか言えないことはあるよね。傷つけるということが起こるのは、相手が透明ではないからで、もし相手が介護の対象としてのみあるのなら、「傷つけ」なんて起こらない。ひとりのひととして存在するからこそ、傷つけということが起こる。通過儀礼ではないけれど、傷つけることによってそのひとの「耐える」力を認めている、と相手に伝えているのかもしれない。相手の存在を認めているから迫りもするのであって、無視するのが「攻撃」以上に酷い傷つけであることは、小学校の生徒でもよく知っている。

B：優しいだけ、ほめるだけでは限界だ、と思うことはしょっちゅうあります。優しさというのは、こっちにも相手にもしんどいものです。「しんどいねぇ」と、時間かけて理解して同感したところで、結局は出口なしのふさがりしか残らないものね。じっさい、「痴呆」で苦しむひとの前で、みんな適当にごまかし、やりすごすのか、事実を突きつけるのかで迷っている。そのとき、後ろめたい思いだけはひどくリアル。そんなとき、「心配しなくてもわたしたちが全部してあげるから大丈夫。安心してじぶんの「痴呆」に向き合ってください」などとは死んでも言えません。だってそれじゃ、じぶんの側の後ろめたさを都合よく消すだけのことにしかならない。

C：リハビリ訓練のとき、寝たきりになるというのはこういうことや、ということを認識してもらうために、強引にうつぶせになってもらうことはよくあります。障害を受容しなかったらそれを乗り越えるということも不可能だから。ただ、むきになればなるほどただの暴力になるので、その怖さはみんな感じています。

B：「もう大丈夫ですよ、がんばりましょう」と声をかけるとします。すると「もう死にたい」という答えが返ってくる。そのとき、「ほんなら死ね」と言ってしまうこともあります。わかるんです、このひとが「死んじゃだめ」と言ってほしいのではないことが。ほんとうはがんばれないじぶんを自己否定したいのに、否定しきれず、それをケアする側が代わりに否定してあげるという意味で、「ほんなら死ね」と言うんです。当人も、妙に慰められるとかえって、わかってもらえてないなと思うところがあるんじゃないでしょうか。

A：自己否定的であるまま、否定をおくびにも出さずに他人と話す苦渋。それへのケアが、「ほんなら死ね」という言葉でなされているというところはよくわかる。共依存から脱却するためにあえて見放すということか……

D：治療の過程で、「もういいですから」「もういいの」と言い続けるひとがおられます。もう腕に注射を打つところがないお年寄りのひとで、「いいです、もういいです」とおっしゃるのです。優しすぎる患者さんもつらいものです。Bさんが言うのと逆で、こっちが怒られたほうがましという場合もあります。

A：そうだよね。ぼく、さっき患者さんを無視するのは残酷だと言ったけど、ケアする側も無視されるのを怖がっている。つい暴力的になるというのは、いつも過剰に優しくしているのとおなじで、ケアする側もきっと無視されるのが怖いんでしょうね。

C：ふつう、傍らに寄り添うことが本来のケアと考えられていますが、そばにいなくてもケアできる空間というのがあるように思います。ひとりにしてあげられる空間。だれも来ない空間。傷つけるということの意味も、時間のなかで考えないといけないと思うんです。その傷がかさぶたになったり、傷ですらなくなったり、といった変容が時間のなかで起こります。その時間をきちんともってもらえるように、とりあえず立ち去るということもケアとしてはありうるんじゃないでしょうか。

D：わたしの場合、とくに子どもが相手なので、じかに真正面から受けとめないことが多いです。食べない子に「食べないでよろし」と対応するというふうに。その意味では、傷つけるケアというのは、文字どおりに受けとめないことと言いなおしてもいいかもしれない。

A：とりあえずその場を繕う、それでいいんじゃないのかなあ。パッシング・ケアという言葉がありますよね。「痴呆」のひとたちの寄る辺ない不安をやわらげるために適当に辻褄を合わせたり、さりげなくごまかしたり。これは、出口泰靖さんも「かれらを「痴呆性老人」と呼ぶ前に」という論文のなかで指摘しておられるように、自身の「呆け」にじかに向き合わせることはそのひとの「面子」

を侵蝕する酷い面があって、たいていの施設では回避されている。それでその「面子」が脅かされそうになったとき、それを丁重にフォローしながら、みずからの「呆け」を安らかに受け容れてもらえるようなケアも考えられるかもしれないけれど、ぼくはこのすり抜けや取り繕いというものをもっと積極的に肯定したい。パッシング・ケアと言うところを、ぼくならパッチング・ケアと言ってみたい。「呆け」に向き合ったところでやっぱり出口が見えないんなら、むしろ「面子」を取り繕ってあげるほうがいいけど、それはそれでまたくりかえし鬱《ふさ》ぎがくる。「痴呆」はそれにじぶんが気づいている初期段階がいちばんしんどいんです。とすれば、むしろ場面を変えるほうがいい。「ちょっとお茶にでもしましょうか」、というふうに。それをパッチング・ケアと呼びたいんですがねえ。

D：そういえば、ある介護士のひとの本にこんなことが書いてありました。ある老人ホームでのこと。夜中の十二時になるときまって、枕元の本を風呂敷に包んで脇に抱え、廊下を徘徊する元大学教授の話です。十二時というのは、午後の授業にお出かけになる時間のことらしいんです。で、その介護士が「きのうのご講義はいかがでした」と尋ねると、「わたしがいまさら講義に行くはずがないではないか」と諭され、その夜から徘徊はなくなったというんです……。

W：ぼくもある看護師さんから、ご自身の体験としてよく似た話を聞いたことがあります。衣装簞笥の引き出しを順に開けては閉め、ぜんぶ開けたらまた最初に戻るということを、彼女のおばあさんは毎日、延々とくりかえしていたのだそうです。家族が横から何を言ってもやめない。その日、たまたま実家に帰っていた彼女の前で、「もう死ぬし、着物あげる……」とおばあさんはまた引き出しを開けだした。そこでその看護師さんが、「もらう。けれどいまは家に簞笥ないから預かっといて」と応えたら、着物の探索はそれを機にあっけなく止んだ、というのです。相手がなにかひとつの世界に入りきっているときに、それを横から制したり、諭したりするのではなくて、逆にいっしょにその世界に入り込むと、相手のほうがふと目覚め、浸りきっていた世界からすっと距離がとれるようになる……。どうしてそんな秘儀みたいなことが起こるんだろうと、ものすごく不思議でした。

A：何が「いいケア」なのか、ほんとうに一概には言えない。それより、「いいケア」というときにケアする側がじつは何を欲望しているのか、それをきちんとチェックしていかなくてはならない。無謬性への強迫観念といったものが、現場ではけっこう強いですからね。

こうした対話のなかで、わたしはひとつの重要なことに気づかされた。わたしはかつて『「聴く」ことの力――臨床哲学試論』(阪急コミュニケーションズ、一九九九年)という書物のなかで、ケアの核に〈聴く〉といういとなみを位置づけた。被介護者ではなくて、介護する者こそ徹底して受動的であらねばならない。そしてケアの究極の意味は、何もしないでただ傍にいるということ、そのことがなぜ意味をもつのかということを突きつめることにある、と。が、実際のケアの場面では、聴くことだけではなく、応答の工夫というものも要るということを、ここで教えられた。聴くことに徹するというのは「完全なケア」という無謬性の理念であって、これはケアする側の論理である。が、実際のケアの現場においては、ときに無茶に介入してゆくこともある。ここには受けとめるだけでなく、あえて、ときに暴力的であっても返さなければならないことがある。そして何か返したら返ってくることもある。そういうダイナミックな関係が、あってよい、というよりもあってしまう。聴くひとの前で話すひとは、聴かれるひとという受動者でもある。聴くということも、無謬性の理念のなかで極限化してはならないということ、である。「いい加減」ということが、だらしないという意味、そしてこれしかないという絶妙のバランスという意味、そうした対極にある二つの意味のぎりぎりの両立のなかでなりたつときに、「あれでよかったんだ」と後でおもえるケアがなりたつのだろう。「完全なケア」とか、「共感」の要請という、ケアの場での一種の強迫観念がもつ息苦しさも、こうした「いい加減」が視野に入っていないところからくるのだろう。

ケアにおける「専門性」

同じように、かつてわたしは『〈弱さ〉のちから』（講談社、二〇〇一年）と題する書物のなかで、臨床における「専門性」というのは、事態の推移のなかでいつでも「専門性」を棚上げする用意があることだと書いたことがある。――「じぶんを他者の存在にインヴォルヴすることで、逆にじぶんが「乱れて」しまうということ。これを、他者本位と、留保付きでだが、呼んでもいい。他者本位に思考と感受性を紡ぐということ。そのためには、専門家ですらじぶんの専門的知識や技能をもいったん棚上げにできるということ。それが、知が、ふるまいが、臨床的であるということの意味ではないだろうか。そうすると、「臨床」ということの意味も、医療現場に臨んでいるということではなくて、他者のことを他者のほうから見るということ、そしてそのためにはみずからの専門的知識をさえ手放す用意があるというところにあることになる。そしてそこにこそ、臨床の、必然ではない自由があるのではないだろうか」、と。

が、これも言い方としては不十分であることを、彼らとの話し合いのなかで教わった。専門性を捨てる用意があるだけでなく、専門性を捨てなければならないこと、つまりだれかの前でまずはひとりのひとであること、そういうたまたま関係をもつことになった個人として、普通のひとにそのまま対すること、普通にというのは腹が立つときはいらいらし、落胆するときはそのように表現していいこと、そういう意味では緩んでいるけれど、ある瞬間、脈絡を読み取ってぱっと看護師に戻れるというのがほんとうの意味での専門性ではないのか、と。

天田城介が先の著書のなかで、きわめて示唆的な語源考をそのケア論のなかに挿入している。「知る」というのは「領《し》る」(＝支配する)ということだというのだ。「知る」(＝他者を理解すること)が「領る」(＝他者を支配すること)へと反転するという落とし穴、それが「専門性」の理念にはある。「専門性」には、ケア提供者の「受動性への能動的志向」という構えが、あるいは強迫が、ケアというといとなみの対象をとことん尊重するようにみえて、じつは逆に、その相手を徹底的に毀損もしくは権利剝奪してしまう陥穽がつねに孕まれているというのだ。これをいいかえれば、高齢者のケアにおいては「専門性」と呼ばれる特殊な知識や技能を消去すること、つまりケアのうちに忍び込んでくる「領る」への欲望が挫折するという局面こそが重要だというわけである。

が、そういう挫折のなかでもその場を立ち去らないということが、ケアする側の最後の矜持であるはずだ。あきれ、腹立ち、傷つけた後でも、しかしそれでもその場所から立ち去らない。が、密着するわけではなく、その相手を独りにして、時間という、それこそ時の間《ま》を置きもする。そういう融通無碍のかかわりを身につけるということ、そこに専門性を気恥ずかしくおもいながらも「介護者」と位置づけられてそれを受け容れうる最後の拠り所があるのではないか。

芹沢のいうところの「ある」と「ある」の共同体、その肯定とそれをにわかには肯定しがたい困難とのあいだで、わたしたちはいったいどのような〈老い〉の場所を、あるいはあり方を、思い描けばいいのだろう。

7 「いるだけでいい」「いつ死んでもいい」と言い切れるとき

「無為の共同体」

〈弱さ〉という言い方とはちがって、「無為」という概念をもとに、共同体の別の概念を呈示する哲学者がいる。『無為の共同体』(西谷修訳(朝日出版社)一九八五年)のジャン＝リュック・ナンシーである。ナンシーは「無為の共同体」という概念によって、共同体についての従来の思考を批判するかたちで、共同体についての別の二つの思考を対置する。ひとつは、営み(œuvre＝仕事)のなかで、作品(œuvre)として生みだされる共同体ではなく、「無為」(désœuvrement)のなかで出現してくる共同体という視点である。いまひとつは、何かある同一のものを共有することでなりたつ共同体ではなく、特異な者を特異な者として分かつその「分割」そのものであるような共同体という考え方である。そして、ナンシーのこの視点が、「ある」の共同体という、芹沢によって示唆され、わたしたちが「べてるの家」に読み取ったこころざしを概念的なものへと彫琢するのを助けてくれる。

従来とられてきたこの前者の思考、すなわち、集団が何かある同一のものを分かちもちながら協同して作りあげる秩序としての共同体の理念は、ナンシーによれば、「人間の人間に対する絶対的内在」という考え方に基づいている。ナンシーはいう。「共同体はただ単に義務と富との公正な配分によって構成されているのでもなければ、諸もろの力と権威との幸福な均衡によって構成されているのでもなく、なによりもまず、ある同一性が複数性のうちに分有され伝播され、浸潤されることによって作られるのであり、その複数性を形成する各成員はまさにそれゆえに、共同体の生きた身体との同一化という付加的な媒介によってはじめて自己同一化を遂げることになる。共和国の銘句の中の同胞愛は共同体を示している。それは家族と愛との範形なのである」。ちなみにここでいう「同胞愛＝博愛」(fraternité)は、文字どおりに解すれば「兄弟愛」のことである。そして右の引用のなかでいわれているように、集団を表象するときに、西欧社会は「共同体の生きた身体との同一化」を言い、「社会体」(corps social)とか「政(治団)体」(corps politique)という、有機的な統一としての身体との類比でイメージしてきたのである。

「自己自身の本質をみずからの作品として産み出し、さらにはこの本質をほかでもない共同体として産み出す存在者たちの共同体」というものが、わたしたちがこれまで共同体をとらえる際に乗り越えられない前提としてはたらいてきたと、ナンシーはいう。が、共同体はけっして特異な者たちのその協同の営み(労働・生産)のなかで作品として産みだされたものではないし、逆に、個々の特異な者たちがコミュニケーションという活動のなかで自立的な個人という作品として産みだされたわけでもない。特異な者たちがたがいに個人としてコミュニカティヴな関係に入り、彼らの関係を一つの作品として成就するのではなく、コミュニケーションそのものが端的に「かれらの存在」なのである。そのことをナンシーは次のように書いている。

> 「対話」を成り立たせているもの、それは同定された意味ではなく、ある別の知らせの出来《しゅったい》なのである。……「対話」の共同体は意味――ある国語とある言語的共同体とにすでに与えられそこに内在すると想定された――共同体ではない。それは、異邦の者の言うことのうちに、そしてまたかれの言うことについて、新たな、違った、変化する、見慣れぬひとつの知らせがある、ということを聞き取ることで成立するその共同体――そしてそのコミュニケーションなのである。

……共同体は共通の実体に「由来する」のでもなければ、それによってつくられるのでもなく、自分自身の無限の分割によってつくられるのだ。

コミュニケーションじたいが、同じものを共有することで一つにまとまる共同体ではなく、共有するものをもたないまま、そして一つにまとまって何かをするのですらない、それぞれに特異な者たちのそのつどの接触／交差として、「分割」を生起させるというのである。「かれらの存在」そのものとしてのこうしたコミュニケーションのなかで、合一や融合ということを拒まれた存在として双方がその特異な存在に送り返されるとき、まさにそうした分割が生起するかぎりにおいて、その特異な者たちはい、い、と、ともにあると言えるのであろう。

ナンシーの見るところ、「共同体」そのものというよりも「共同体の喪失」こそが西欧社会のもっとも深い幻想であり、「最古の神話」である。西欧社会は、一度も生まれたことのない共同体への郷愁に浸っており、それが消失したことを嘆いてきた。つまり、「共同体に関して『失われた』もの──合一の内在性と親密性──とは、そのような『喪失』が『共同体』そのものを成り立たせているという意味においてのみ、失われたのである。それは喪失とは言えない。なぜなら内在は反対に、もしそれが生ずれば共同体をあるいはコミュニケーションをそのものとしてはたちどころに抹消してしまうだろう当のものだからである」と、追い打ちをかけるようにナンシーはいっている。「人間主義」が想定している人間、同じものを共有することでそれを媒介として生まれる人間は、たがいに鏡のような関係のなかでみずからを形成するのであって、つまりははじめから同型的なものとして生まれるのであって、それゆえに「共同体」のなかの人間はあらかじめその特異性を消去されている。つまり、コミュニケーションとしての「かれらの存在」はそこでは抹消されている。

近代に発見された「人類」とは、そういう意味で、ウラジミール・ジャンケレヴィッチの言葉を借りれば、人間の「最上級の共同体」なのである。人間主義《ヒューマニズム》とは、人間内在主義、つまりは全体主義的な思考である。そして、二十世紀に突如現われたファシズムこそ「合一の強迫観念のグロテスクでおぞましい激発」であり、「融合」への衝動の激しい「痙攣」なのであって、それゆえにファシズムを人間主義の立場から批判するのは無効である、とナンシーはいう。なぜなら、この人間主義こそ「最上級の共同体」としての「人類」に内在する立場として「一」へと内閉する全体性の思考にほかならないからである。

これに対して、ナンシーが強く主張するのは、「他のひとりの特異な存在者なくして特異な存在者はありえない」ということである。この命題は、〈老い〉をめぐってわたしたちが考究してきた議論のほとんど結論とでもいうべきものだが、先を急がず、いますこしナンシーによるこの内在主義批判の意味を反芻しておきたい。

非全体性の思考

同一のものを分有するというかたちで結晶する共同体というものに社会的な存在の原形式をみることを別の角度から排斥するひとにもうひとり、エマニュエル・レヴィナスがいる。レヴィナスが力を込めて訴えるのは、他者との関係は、置き換え(substitution)の関係でも融合(fusion)の関係でもないということである。何かある共通のものに与ることによって可能になるそうした共同性は、「媒介者の役割をはたす第三項の周囲に必然的に生じる集団性」、つまりは「横並びの共同性」であって、それに対して他者との関係は、むしろ、媒介となる共通のものが存在しないところでこそ出現するものである。そこからレヴィナスはこう言い切る。「交換可能な人間、相互的な関係が人類を形づくる。人間を交換すること、それは根源的な不敬であり、この交換によって搾取も可能になる」、と。

レヴィナスがなんとしても遠ざけようとする思考とは、全体性のそれである。全体性の思考とは、それぞれに特異な者たちの関係をいわば上から俯瞰して、それを相互的・共同的なものとして取り扱うような第三者の思考のことである。『全体性と無限』(合田正人訳〔国文社〕一九八九年)のなかでレヴィナスはいう。「自我と他人との不等性はわれわれを数として数える第三者に対しては現われることのない不等性である。この不等性は、自我と他人を包摂しうる第三者の不在にほかならないからだ。……この根源的多様性は多様な個別性に対して生起するのであって、多様な存在の外からその数を数えるような一個の存在に対して生起するのではない」。これをいいかえると、不等性は「外的視点の不可能性」のうちにあるのであって、自他の関係を同じ一つの始源からとらえることを可能にする特権的な平面は存在しないということである。

全体性の視点からとらえられる個人相互の関係は、個人にとってけっして他者との関係なのではない。他者はいかなるかたちであれ、「ある共通の実存にわたしとともに関与するもうひとりのわたし自身」なのではない。そのようにいわば中立化された他者の他者性は、〈同化〉の操作のなかで措定されたものとして、「自己同一性の裏返し」以上のものではありえない。ナンシーの言っていた閉じた「内在」の関係しかそこには生起しない。ここでレヴィナスによって撥ねつけられるのは、包摂や綜合といった〈同化〉の操作である。要するに、〈同〉のうちで複数の主体を折り合わせることの不可能性、つまりは存在どうしの根本的な異質性に定位した思考を迫られているのである。多様性を〈同〉のうちに包含し、そこへと回収するのではなく、「分離という絶対的位相差」に定位した思考を、である。人間を置き換え可能な存在とみるそういう「中立的」な視点を、レヴィナスが「根源的不敬」として厳しく斥けるのは、他者のそうした置き換え不可能な存在こそが、「多様なものを全体化する論理学に対して社会的多様性が示す抵抗」として救済されるべきだと考えるからである。「存在が俯瞰可能な仕方で実存するのは全体性においてである」。そういう全体性の思考と絶縁することを、レヴィナスもまた求めているのである。

では、多様性はどのようにして救済されるのか。多様性じたいが、複数主体の多様性として、多様なるものの外部から捉えられるのだとすれば、それはもう拡張された〈同化〉のイフェクトということになってしまうのであるから、ここで多様性は、何かとしてまとめることのできない多様性だということにある。別のさらに一般的な何かのなかで綜合することも、ともに別の何かへと還元することもできない、そういう根源的に複数的なものの存在、それを保持することが多様性の経験であるとするならば、逆説的にも、その経験は他者との共同の経験のなかにはない。共同の経験は、たがいに通約不能なもの(共通の分母をもたないもの)を無理やり同一のものへと縫合するものだからである。逆にここで保持されるべきは、根源的に特異なもの(=単数のもの)の同時的な存在の経験である。特異なものと特異なものとの、通約されることのない関係の経験である。

それぞれが特異なものである者どうしが、たがいの特異性へとたがいを送り返しあうような接触。たがいをその存在の〈特異性〉へと送り返すという出来事は、ナンシーが〈分割〉と呼んだものにほかならない。その意味で、相互的な関係を結ぶ前に、ひとはすでに他者とともにあると、ここでもいえる。

この「他者とともに」ということが、べてるの家においてけっして「営み」をとおした「共同」というかたちをとらなかったのは、つまりべてるの家が「安心してサボれる会社」というかたちでどこまでも空きっぱなしになっていたのは、こうした〈全体性〉が起動する兆しがべてるの家という「共同体」ならぬ集合態（ナンシーのいう「無為の共同体」）を崩壊させると、べてるのひとたちは長い経験のなかで思い知っていたからである。おさまりがつかないこと、めちゃくちゃであることを肯定する、「再発」を「順調です」と肯定する、そういう向谷地さんと川村さんの姿勢のなかに、この思い知りは生きている。だから、べてるの家は、特異な者たちが合して一つの身体をかたちづくるというよりも、むしろ特異な者たちが特異なままで気ままに接触しては離れるウェッブかネットワークのようなものとして想起したほうがいい。

そして〈老い〉の集合的な場所、介護施設であれグループホームであれ、高齢者の「家」こそ、そうした意味で、「無為の共同体」、「非全体性の思考」が験《ため》されるひとつの場所であるといえるだろう。

高貴なまでのしどけなさ

さてここで、レヴィナスからナンシーの「無為の共同体」という考え方にいまいちど戻ろう。「無為」ということについては、栗原彬もまた「無為の行為――いまわの際のカント」（『〈やさしさ〉の闘い』〈新曜社〉一九九六年所収）という、小さな文章を書いている。

カントは医者が来訪するときに、ドアのところまで出向いて医者を迎えることを常としていました。死の床にありながら、カントは家人の助けを借りて立ち上がり、戸口までよろめきすすみ、いつものように礼節をもって医者を迎えたのです。二人はたがいに立ちつくしたまま、涙を流しました。パノフスキーは、このカントの行為のなかにフマニスムの神髄、つまり「人間的であること」の極致を読み取っています。死にそうなのにそんなに無理しなくてもいいのに、という考え方も成り立つでしょう。確かに、カントのこの礼節は、必要でもなければ、有用でも合理的でもない、ほとんど無意味な行為といえます。それはエネルギーを浪費する行為であり、いわば無為の行為です。しかし、私はカントの文字どおり命をかけた無為の行為に心動かされます。

無意味で無為の行為といえば、ジョージ・オーウェルのエッセイのなかに、こういう文章があります。ビルマで、これから処刑されようとして連れて来られた囚人が、処刑台に向かう途中、水たまりをひょいとよけて通りました。数分後には生きていないだろう囚人が、泥水がかからないように水たまりをよけて通るのは、これまた無意味で「余計な」行為のようにみえます。しかし、オーウェルは、この囚人の行為のなかに、パノフスキーがカントにみたのと同じものをみ取っています。カントにしろ、ビルマの囚人にしろ、その「余計な」行為は、何と人間の密度に充ちていることでしょう。

見事なまでの無為というものに、わたしもまた別のかたちでふれたことがある。ローマの美術館、そのベランダのカフェテリアで軽めの昼食をとっているときのことである。空を仰ぎまぶしいばかりの陽射しを久しぶりに顔いっぱいに浴びるはずが、ふと、ひとりの男に眼を奪われてしまった。顔にではない。その佇まいにである。支配人のくせに仕事は店員に任せ、壁にもたれたり、外の風景をぼんやり見つめたり、下を歩いているらしい顔見知りに手を振ったり……。きざなのである。が、優美なのである。そのぶらぶら歩き、しどけない姿が。

何もしないことになれていると言おうか、手持ちぶさたなときのスタイルが決まっている。からだを何かにもたれさせたら、かならずその反対側に頸を曲げ、すこし遠いところに視線を泳がす。ポケットに両手を突っ込んで、仁王立ちになって正面の一点を見つめる。しばらくしてこんどはからだをゆるめ、庭石に眼をやりながら右直角にゆっくり移動する。わたしたちの多くは、こんなとき、たぶん腰掛けて新聞や雑誌を開く。あるいは携帯を取り出し、メールをチェックする。ちょっと空いた時間も、何かをするということでその空白を埋めないと落ち着かない。が、彼は何もしないその姿が美しいのである。憎いくらいに。ひとつ間違ったら、苦笑ものになるくらい、ぎりぎりのところでさまになっているのである。

ふと、家の犬のことをおもった。離れにつながる通路のところで、犬がお座りをして、じっと庭を眺めている。そのさまが妙に高貴に見えるのである。そうか、イタリア野郎もそうだったが、人間的であるという以上に、動物的であるということのその先にこそ高貴さが漂うのではないか。高貴なまでのしどけなさというものが。

フランス語のコスメティックはコスミックから(英語ならコスメティックスはコズミックから)きている。化粧はもともと宇宙へのご挨拶といった意味をもっていて、あのきらびやかな色に染め上げられた鳥や花に対抗するかのように、空や土に溶け込むかのように、あるいはもっと激しく、しばしのあいだ獣や鳥に変身しようとして、からだに色を塗り、皮膚を刻み、羽根を身につける……。ところがいまの化粧ときたらどうだろう。視線は宇宙ではなく、社会に、他のひとびとに向いている。そしてひとびとのあいだでじぶんがどんなふうに映るか、じぶんの存在をもっと「上等」に見せるにはどう装ったらいいか、つまりそのためのセルフ・イメージの演出や微調整にかまけている。みすぼらしいコスメティックである。とすれば、動物的であるというのは、社会よりも宇宙に感応するということなのかもしれない。その微細な気配の変化に感覚を研ぎ澄ませているということ。平原にひとりたたずむ鹿の、あの、ぴくぴくっと動く耳のように。

齢を重ねるというのも、そういう境地にいたることとして理解できないものか。感度が衰えることではなくて、社会のなかに居続けるひとびとがそれへと意識のすべてを傾けている他人の思惑やら世間の約束事、さらにはひとびとがあたりまえのこととしてそのなかに住み込んでいる観念の秩序や、凡庸なまでに類型的な自己のなかの欲望、そういうものから外れて、逆にそれらを全面的な失効状態へと解錠する、そんな破壊的ともいえる時間に入ることとして〈老い〉を思い描けないものか。頑張りのあとの休息でも、退役したがゆえの気楽さでもなくて、しなければならないとおもわれてきたことをしないことがこの社会を変えることにつながるようなひとつの超絶として、〈老い〉に浸るということができないものか。イタリア野郎の、あのたたずまいに匹敵するような高貴なまでのしどけなさが、わたしたちの老いには必要なのではないか。いや増す地べたの苦労のただなかで、それに溺れることなく、超然と宇宙的なものにふれている、そのことの快楽とでも言うべきものが。

意味の彼方

寝たきり、耄碌《もうろく》、執念、徘徊、被介護者と家族あるいは介護スタッフのあいだの軋み、いびりや虐げ、それに汚物の異臭……などなど、やりきれないほど「問題」が折り重なった「老残」の現場に、あえて「快楽」という言葉を挿し込んだことに、あるいは抵抗をおぼえるむきは少なくないかもしれない。しかしここでわたしたちがほしいのは、「老残」でも「老醜」でも「老廃」でもなければ、「「穏やかな賢人」でも「醜く惨めな廃人」でも「従順でかわいい老人」でもない、形容不可能な老人たち」(上村くにこ「エイジズムまたは文明のスキャンダル」、岩波講座《現代社会学》13『成熟と老いの社会学』〈岩波書店〉一九九七年所収)、つまりは〈老い〉の現在を構成しているレトリックをすり抜ける別の物言いなのだ。「呆け」を「惚け」と書きなおすささやかな試みも、この〈老い〉のエクスタシー（恍惚＝脱自）を浮き上がらせたかったからだ。幼い頃の切ない想い出や恨み、憎しみ、悦び、自堕落、それらがきのうのことのように浮かんでくるかとおもえば、ついさっきのことが深い霧に包まれている……。孫や犬と戯れ、ふとじぶんがほどけてしまう……。体よくまとまった物語のなかには入れられない、そんな時間をも形容できる言葉が必要だからだ。

「営み」をとおしてなりたつ共同体は、仕事を軸としているがゆえに、そのなかでまずは、有用性とか生産性とか効率性というものが評価の基準となる。そしてそれとの関連で意味づけや合理化ということが問われる。《自己決定》をもふくめて、それらは〈強さ〉の論理を軸としている。〈弱さ〉はそれを補完するものとして二次的に存在が認められるものでしかない。「営み」に参与しない行為は、「無駄」もしくは「無意味」としてしか思い描かれない。これに対して、「無為の共同体」「非全体性の思考」が問うているのは、それとは反対のもの、というよりもそういう対立を無化するような思考である。〈強さ〉から〈弱さ〉へ、価値から無価値へ、というよりも、そういう二分法が意味をなくすような地平に立とうとする思考である。

たしかに高齢者は「弱い」。体力が衰え「営み」に参与できず、つねに何かに従属するということを免れえない存在ではある。しかし、相対的にはそうであるにしても、右で言った〈老い〉の現実のレトリカルな構成とその制度化のなかで、さらに「弱く」させられているのであって、〈老い〉の現実は、これまでもくりかえし述べてきたように、子どもと同じく、あるいは壮年とも同じく、多様であって、何か特別な「問題」なのではない。

つい最近、知り合いから聞いたことなのだが、村で評判の助産婦のおばあちゃんがいる。「この子、男さんでしたかなあ」と、来るたびに訊《き》くのでみなが心細くなる八十代のよぼよぼのおばあちゃんである。が、赤ちゃんを入浴させるときは、左手のすべての指を耳にあて、頸と背中を支え、というふうに、器用に操り、背中を洗うときはくるっとまるで手鞠《てまり》のようにひっくり返す。親が四本の腕を使っても危なっかしいところをだれよりも確かな手つきでおこない、周りの者はただただ感心して見ている……。そんな老婦人もたしかにいる。

毎日野良で働いているおばあちゃん。野良仕事を手伝ったとき、十代の女の子が重くてどうしても持ち上げられなかった野菜篭を、八十近いおばあちゃんが腰をしっかり入れてひょいと担ぎ上げる。「なんであんなに力あるんやろ。仕事をしている体は頑丈だ」。そんなふうに若いのが感嘆する老婦人も、もちろんいる。

さらには、別の意味ですっきりした〈老い〉のかたちもある。〈老い〉というのは、じぶんの〈弱さ〉に否応なく向きあわざるをえなくなる、あるいはそれに従わざるをえなくなる、そういう季節だと先に述べたが、この〈弱さ〉をぶっきらぼうに晒けだし、それに背を向けずにじぶんを組み立てなおしている老人もいる。言ってみれば、ダンディな老人、あるいは「不良」老人。呑んだくれ、ふてくされ、歳もかまわずに好きなことをやり、ときに顰蹙《ひんしゅく》もののこともやってのけて、他者に面倒をかけ、「ありがと」という短い言葉を残して彷徨し、時代に反抗するというよりは超然として、ひとを愛し、そして文《ふみ》を愛し……などと書くと、わたしには金子光晴や田村隆一といった詩人の像がまっさきに浮かぶ。

が、重要なのは、そういう「共同体」の「営み」にいまもって参与できているということそれじたいではなくて、はたまた時代に背を向けて確信犯的に徘徊するということそれじたいでもなくて、参与できる部分、背を向けられる部分とそうできない部分とがどの年代にもあるということであり、さらにはいっさい参与できなくても、それでもそこに「いてくれるだけでいい」とたがいに言いあえる、そんな関係を最後までもちえていられるかどうか、ということなのである。

「痴呆」というあり方

ここで「痴呆」という問題が、〈老い〉の思考をめぐるひとつの試金石として出てくる。生産や維持、そういう「営み」(=「する」)の論理からすっかり脱落した生の様相である。

天田が列挙していたところを引くと、徘徊癖、叫び声、夜間譫妄、幻覚・幻聴、不潔行為、弄火、攻撃行為、異食、破衣行為、収集癖・盗癖、多弁、わいせつ行為などのいわゆる問題行動、あるいは迷惑行為、異常行動……。〈老い〉の現実のレトリカルな構成、いいかえると「社会規範に対する不適応・逸脱・異常として語り」だされてきたこうした表現はいずれも、「適切性―不適切性」ないしは「正常性―異常性」という、〈老い〉の他者によって設定された基準に立ってそう言われるものである。そういう基準に立つ側(家族介護者や施設スタッフ)はだから、老人が「痴呆」である事実を伏せたり、高齢者が混乱して問題行動を起こさないよう細心に、ときに狡猾なまでに、情報を制御したりする。老人が病院や施設に入って急に「ぼけ」が進行したりするのは、じぶんがそのなかを生きてきた空間や、じぶんの「魂」でもあった物たちとの関係がごっそり入れ替わるという点がまず大きいが、それとともにこうした管理や制御によるところも多いはずだ。

ところで「痴呆」というこの言葉、「痴」とはなんとひどい言葉かとおもうのだが、「ぼけ」は意味深長である。すでにちょっとふれたように、「呆け」は「惚け」とも書く。つまり、「恍惚」につながるからである。恍惚とはエクスタシー(ecstasy)、つまりは自己がその外に出ているということである。じぶんのなかに閉じこめられていない状態、じぶんをじぶんならざるもののあいだに漂わせていることのできている状態である。あるいは、時代の物語、「営み」の「共同体」から下りるというか、その外に出るという、つまりは他人と同じ夢をもはや紡ぎはしないということである。が、「営み」(œuvre)の外に出るということが、じつは、「痴」とされるものがケアの現場でのほんとうの意味での「知」というものを呼び込むということにつながることを、しかと視野に入れておく必要がある。

たしかに、惚けるというのは悲痛である。惚けることに惚けるひと自身がふれているという状態、つまり惚けの初期段階が悲痛なだけではない。惚ける、つまりそのひとが消えてゆくということを認めざるをえない、そのひとにこれまでずっとかかわり記憶を共有してきたひとたちの悲痛もある。さまざまな葛藤を経たのち、最後に「何もしてくれなくていい、ただいてくれるだけでいい」と言いうるときがくるにしても、惚けたひとそのひとにその思いはもはや伝わらない。存在しているだけで意味があるというときのその意味は、惚けたひとはもう受け取れないのだ。かつてわたしたちにいろいろしてくれたから、というのは、惚けたひとに突き放されたわたしたちの側の言い分である。交通がもはやなりたたないときに、その意味は惚けたそのひと自身のものではもはやない。とすると、惚けたひとの存在意味への問いは、残されたひとの問いでしかないことになる。

そのうえで、しかし、「痴呆」の介護現場のひとたちから、こんな声が聞こえてくる。臨床心理士でありながら、栄養士の免許まで取ったひとりの女性はこう低い声でつぶやく——

「痴呆のひとの「問題行動」がだめだと言いうる何か根拠があるのでしょうか。他人が困る、介護者が困るということはあるにしても、どうしてそのひとたちにばかり合わせなければならないのでしょう。対等な関係というのはそんなになりたちにくいことなのでしょうか」。

そういえば以前、老人保健施設の看護師からこんな問いをぶつけられたこともある。「多くの介護は、「じぶんはこんなになりたくない」という本音を隠しもちつつなされています。でも、「じぶんもこんなになりたい」と思えるかどうか、そこにこそ痴呆介護のすべてがかかっているのではないでしょうか」。

家族による介護のあとを引き受ける、それも家族だけではどうしても無理だからというのではなく、人間はひとりのひとが別のひとの生活をそっくり看るようにはできていないという考えからそうする。そういう施設介護の現場に、右のような哲学的ともいえる、だれもおそらく独りでは答えられない問いと向きあいつつ、しかも果てしなく続く日常の細々とした営みのひとつひとつをていねいにこなしているひとたちがいる。そのことだけは忘れまい。

芹沢俊介もまた、米沢慧との先の対談のなかでこう語っている。介護を受けているひとが介護を受けていると感じないよう、介護するじぶんをどう消すことができるかという課題が介護にはあるのではないか。介護不能な老人、介護を拒否する老人をも含め、「呆けも寝たきりもそのままの姿において肯定できるかどうか」という問いが、老いのケアには突きつけられているのではないか、と。老いる側からいえば、これは、生まれたくって生まれてきたわけではないという子どもの問いと同じ問いを、ひとは老いのなかで抱え込むということである。「もう死ねというのか」というふうに。芹沢と米沢は右の対談のなかで、〈老い〉の姿がいっぱい眼に入りながら〈老い〉の像が空っぽなままの時代における最後の問いにたしかにふれている。だれかに「ただいるだけでいい」とほんとうに言える根拠がはたしてどこにあるのか。そういう問いである。

通り抜けるものとしての家族、あるいは「その他の関係」

この問いに向きあおうとするとき、どうしても引いておかねばならない言葉がある。「お互いに見知らぬものとして終わる、そのことは視野のなかに入れておいたほうがいい」という鶴見俊輔の言葉である。鶴見と浜田晋・春日キスヨ・徳永進との共著『いま家族とは』(岩波書店、一九九九年)に収められた「その他の関係」という奇妙な表題をもった文章のなかで、耕治人の小説『そうかもしれない』にふれて、鶴見はいっている。別々の老人施設のなかに入っている夫婦が久しぶりに会ったときに、看護人が「この人はあなたの旦那さんですよ」と言ったとき、その妻の口をついて出た「そうかもしれない」という言葉について、書かれている箇所である。

自分が、やがては家族にとっても「見知らぬ人」となる。そして「物」となって終わる。死体は物ですからね。物になれば、宇宙のさまざまなものと一体になるので、そんなに寂しいわけではないんですよ。存在との一体を回復するわけですね。

どんな人でも、家のなかでは有名人なんです。赤ん坊として生まれて、名前をつけられて、有名な人なんですよ。たいへんに有名です。家のなかで無名な人っていないです。それは、たいへんな満足感を与えるんです。私は、人間がそれ以上の有名というものを求めるのは間違いではないかと思いますね。そのときの「有名」が自分にとって大切なもので、この財産は大切にしようと思うことが重大なんじゃないですか。

最後は、お互いに見知らぬ人になり、そのときには家族のなかでさえ無名人です。やがて物になる。人でさえない。そのことを覚悟すればいいんです。……

プーシュキンに『大尉の娘』という代表作がありますが、そのエピグラフとしてはじめにおいてあります。「若い頃から名を惜しめ」と。これは、全国的にものすごく有名な人間になって、その有名度にしがみつけと言っているんじゃないんですよ。自分に与えられた名前を大切なものにしろ、その名前をけがすな、ということですよね。だから、そういう場合の名前とは、新聞やテレビや雑誌で広く知られるという名前ではなくて、家のなかで名前がある、尊重されるということじゃないんでしょうか。そういう満足感があるということ。それが家のもっている意味じゃないんですか。

自分は、かつて家のなかで有名な「者」であった、その記憶を大切にする。そして、やがて自分は「物」となって、家族の者にとってさえ見知らぬ存在になっていくという覚悟をして、そして物としての連帯に向かってゆっくりと歩いていくという覚悟をもって、家を一つの過渡期として通り抜ける。それが重要じゃないんでしょうか。

「惚け」ということを考えるときに、ひとがとりうる最後の立場とは、おそらくこれだろうとわたしはおもう。通り抜けるものとしての家族、と鶴見はいう。「親が子どもになり、子どもが親になる。そういう関係でなければ、家族なんて維持できるはずないんです。それぞれが自由になる逆転の関係によって、マインド・コントロールから離れる練習ができるはずです。そういう新しい方向を探る、固定ではない方向を探る一つの場所として、家族を見ていくことができるじゃないか」。そういう視点からいわれているのが、ここでの家族である。マインド・コントロールの起点——わたしたちが先に、〈老い〉の現実のレトリカルな構成の場と言ったもの——ともいえる場所に、逆にマインド・コントロールからの離点をこそ見る鶴見の独特の視点である。そしてそういう視点から遠望されている、血縁でも法的に認知された家族でもなく、たとえばおばあさんと、そのおばあさんと一緒に住み、おばあさんを助けつつ愉快に暮らしている、身寄りのない中年のお手伝いさんのような、法律的には「その他の関係」としてしか位置づけられないふたり、そのように「深く助けあうもの」が家族なのだ、といわれるところの家族である。

鶴見は、耄碌を意識するようになってから作りはじめたという「書き抜き帳」のなかから、彫刻家、アルベルト・ジャコメッティのこんな言葉を引いてくる。

《そして冒険。偉大な冒険とは、同じ顔のなかに日ごと見知らぬ者が現れるのを見ることだ。》

これが驚くべき冒険であるのは、「〔何十年と続く〕同じ関係のなかに日常を越える『その他の関係』がつくれる」からだ。「しかし、難しい」と鶴見は言葉をつなぐ……。

受けとめと付き添い

それが難しいのは、「日ごと見知らぬ者が現れるのを見る」というのが、往々にしてその現われの拒絶として現象してしまうからである。拒絶は、たとえばこんな経緯のなかで起こる。「家族をはじめ周囲の者に〔「もの忘れ」を〕知られるとどんな反応がかえってくるかわからないという羞恥心や恐怖心から、その不安を誰にもうち明けられず、周囲の者からの対応の変化をおそれて記憶障害を隠そうと心を閉ざし、言葉を発するのを閉ざして孤独なまま一人で苦しむという私秘的な体験」をお年寄りが積み重ねつづけているうちに、「そうした本人の不安や苦悩を理解できない家族や周囲の者が本人の言動に対して「呆けになっては困る」という焦燥感から、本人の言動が少しでもずれたり間違えたり失敗したりすると、間違いを細部にわたって指摘して修正を迫り、失敗をしないように今までの生活の中での役割を取り上げて保護的になり、言動を管理しはじめる」。そしてそのことをお年寄りは、「「家族や周囲がつらくあたるようになった、叱責されている」と受けとめ、家庭や地域の中で安心できる居場所がなくなって、家庭や地域、社会で「不適応」に落ち入っている」とみずからとらえるようになる……（出口泰靖「かれらを『痴呆性老人』と呼ぶ前に」『現代思想』（青土社）二〇〇二年六月号参照）。そういういわば不可避の軌道から容易なことでは外れられなくなるのである。

そういう軌道を思い知ったあとで、それでもその軌道を「日ごと見知らぬ者が現れるのを見る」ということへと移そうとすれば、あらゆる難しさのなかでそれでもその軌道ごとそのひとを受けとめていこうという姿勢をもちつづけるしかないであろう。おそらくそういう難しさである、鶴見の言っていたのは。

知り合いの看護師に、はじめての勤務が精神病棟で、何を話しかけても拒絶にしか会えず、ひぐらしじっと壁に向かって座ったままの患者さんとの、関係のとりようのない日々がつづき、落胆の果て、ついに毎日数時間、じっと一緒に壁に向かって座りつづけることにした、いやそうするしかなかったひとがいる。が、そのときそれは、

「付き添い」ということのひとつの確かなかたちであったとおもう。copresence（あるいはpresence with you）、わたしは「付き添い」をそう英語に訳してみたい。

〈老い〉はどこまでも特異な者たちの小さな接触とco-presence――このpresenceをかつて中井久夫は「いてくれること」と訳したが、それを拝借して、co-presenceをとりあえず「一緒にいてくれること」と日本語に訳し返してもいいだろう――のつながりのなかでその意味がかろうじて確かめられるだけであって、ひとびとを糾合する大きな「共同体」の仕組みの構想のなかで保持されるというものではないとおもわれる。その接触とco-presenceの環境がそこで整えられるということはあるにしても。

そしてそのなかでこそひとは「もう死んでもいい」と言いうる場所に至りつくのではないか。それがどんな人生であったにしても、それでも、人生への納得ということが起こるのではないか。

選ばれるということ

「べてるの家」がグループホームであり共同作業所（ただし「体調」次第でいつでもサボれる作業所）であったことの意味が、ここでようやく浮かんでくる。それぞれに特異な者たちがちいさな接触の反復のなかでたえずその特異性に送り返されるような場所。それは他の特異な者が「作業」をできなくなったときには、代わりもできる、つまりはその特異性をいったん棚上げにして、別の特異な者の代理にもなりうる、そういう関係の場所である。「できる」ことはたぶん「これしかできない」と社会から決めつけられているよりもつねに多いからだ。じっさい、べてるの家では、気が滅入って、あるいは体調がすぐれなくて働きにくければ勝手に休んでもいい、そういう安心のある会社がめざされていた。いいかえると、たがいにそれぞれの心身の調子を慮《おもんぱか》り、それぞれに特異な者を特異なままに認め、時に応じて代わりになるというかたちで助けあえること、そういう場としてべてるの家はあった。特異性と代替可能性が矛盾としてではなく共存しえている場所として。ここでわたしはしみじみと思い出す。精神科医の中井久夫がその著『看護のための精神医学』(医学書院、二〇〇四年(第二版))のなかで書いていた一節を。「成熟とは、「自分がおおぜいのなかの一人(ワン・オブ・ゼム)であり、同時にかけがえのない唯一の自己(ユニーク・アイ)である」という矛盾の上に安心して乗っかっておれることである」。

代わりになれるということ。それは、べてるの家のひとがそれぞれみずからの特異性を棚上げにしてひとつの役柄を演じることができるということだ。そしてこの「特異性」を「専門性」と置き換えれば、(エクスパートとして他者として助言するのではなく、そのひとの傍らにいて、必要とあれば)おのれの培った専門性をいったん棚上げにして、じぶんもまた名前をもったひとりの特異な者として別の特異な者の代理になる用意があるということこそ、ケアもしくは臨床の現場の専門性のあり方にほかならない。こうしたわけで、ケアの現場では、往々にして、ケアする者とケアされる者の区別がつかなくなるときがある。

お世話するというより人生のひとときを一緒に過ごすというそのケアのあり方を実践する試みは、すでに高齢者介護の現場でも、グループホームや(生活するという)共同の「営み」の場所に生まれつつある。童謡「めだかの学校」の一節ではないが、居間に座っても台所に立っても、だれが介護スタッフかナースか調理者かわからない。できるひとがユニットのキッチンで作って、みなで一緒に食べ、別のひとが洗う。立って食事の世話をするひとなどいない。ここではだから、介護スタッフもホームのメンバーに「おいしい?」とは訊かない。給食係のひとが作って、メンバーがいただくという関係ではないからだ。作れるひとが作って、同じものを食べて、洗えるひとが洗う。だから食卓でも「おいしいね」と顔を見合わせるだけである。スタッフと入所者が同じものを同じテーブルで食べるということだけで、関係がごっそり変わってしまう。それを食べない介護スタッフがそれを食べている被介護者に訊く「おいしい？」ではなく、一緒に(ふぐふぐ)「おいしいね……」。そう、この二つの言葉遣いのあいだには、じつに大きな隔たりがある。「付き添い」としてのケアには、こういうあり方もあるのだ。ジャコメッティのいっていた「日ごと見知らぬ者が現れるのを見る」場所をどうしたら実現できるのか、ささやかな試みがここにはある。

施設でともに過ごすなかではもちろんいろんな「勘違い」「場違い」も起こる。埋めようのないずれや亀裂や断絶もいたるところにある。そのずれの一例を、芹沢は三好春樹の『老人介護問題発言』(雲母書房、二〇〇二年)から引いている。一日中、奇声を発している認知症のおばあさんが入所してきた。そのおばあさんはドライブが好きなようで、スタッフは一日のほとんどの時間、市中を何度も何度も車で回るという、気の遠くなるような試みを続けている。ところが半年ほどして、おばあさんが徐々に落ち着きを見せてきた。おばあさんはスタッフのひとりをじぶんの孫と思いはじめ、さらにデイサービスを利用しているある男性のことをじぶんの旦那だと言いだしたのとほぼ同時に。三好は、それをおばあさんの「誤認」だというふうにはとらえなかった。「新たな関係の構築ができた」ととらえた。このことを芹沢は、彼なりの言葉で、「受けとめ手」を見いだすことでおばあさんの「ある」というものがつくられてきた、と言いなおす。

この人〔デイサービスを利用する男性〕も自分が旦那であると見なされることによって、ご本人は意識していないでしょうが、受けとめ手になったのです。というか、おばあさんに受けとめ手として選ばれたのです。そんなふうにして、全く新しい環境と受けとめ手を得て、おばあさんの「ある」がつくられていったのです。

べてるの家の作業所で、こんなやりとりがあったことを、ここでわたしは思い出す。「A君を個人的に否定するつもりは全くないが、会社は仕事をするところであり、その仕事に支障をきたしている彼には休んでもらうのが自然なことではないのか」という同僚の発言に、A君にそれまでいちども辞めてもらおうと思ったことのない、自身が精神障害体験者でもある「社長」はこう応じていた。「私は考えました。そして気づいたのは、私はべてると一〇年かかわるうちに、人を選ぶということにひどくいい加減な人間になってしまっていた、ということだったのです」、と。ここで「いい加減」はもちろんポジティヴに言われている。そして「社長」はこう続けていた。「かつての私は、どうでもよい些細な事柄でまわりの人間を峻別しては、嫌ったり嫌われたりして人間関係をこじらせてしまうのが得意でした。その私が「選ぶ」という行為を放棄してぼんやりしてしまっていたのです。それは無意識のうちに、人生でどんな人と出会うかは、じつは選べそうで選べないことだと思うようになった自分と出会うことでした。これは、なかなか愉快なことでした」、と。

ここで「社長」は、ひとを「選ぶ」ということを放棄することで、選ぶ／選ばれるという関係のなかで選別されるのではない、そういう「選ばれ」がありうることを教えてくれている。「受けとめ手」として「選ばれる」という「選び」が人生にはあることを。

〈老い〉の果てに遭遇すること、そう、「看取り」もまた「付き添い」だといえる。だれに看取られつつ死にたいか？　これが惚ける前の自己への最後の問い質しとなるだろう。たとえその「だれ」ということが「日ごと見知らぬ者」としてしかありえなくなっているとしても。

たがいに了解不能な特異な者としてあって、しかしそれでもたがいにcopresentしあっているというのは、なるほど社会全体からみればきわめて小さな関係である。が、ひとの「ある」は、それぞれに特異な「受けとめ手」とのこうした小さな関係のなかにしか生まれてこない。そういえば、べてるの向谷地さんはこう語っていた。「ひとを信じられるとか、油断ができるとかいう関係をはじめて経験したときの表情の変化というのをわれわれは見るんですね」、と。

ここに賭けられているものは大きい。これまでの言い方を踏襲すれば、〈強さ〉から〈弱さ〉へと社会構成の軸を移し換える、その実験を意味するのだから。わたしがこの書き物の冒頭、〈老い〉は社会にとってことのほかラディカル（＝根底的）な問いとして立ち現われてきていると書いたのも、そういう思いがあってのことだった。生産性とか効率性、有用性とか合理性を軸として構成されてきた社会をいわば別の軸をとって書き換えるという課題が、ここに突きつけられているからだ。ちょっと照れるような大ぶりの表現をあえてすれば、生産性とか効率性、有用性とか合理性を軸とする社会のなかでは「無用」の烙印を押され、せいぜい「補完」や「許容」の対象として位置づけられてきた人間の「営み」、つまりは「想像力、遊び、交わり、愛、夢想、ケア、英知、創造性、無為」(栗原彬)がむしろいま以上に豊穣で重層的な相貌をもって現われてくるような社会、それが〈老い〉をめぐる現実のなかで賭けられている。

エピローグ　一枚のピクチュアへ

〈老い〉はひとにとって、ひとつの自然過程である。その過程はしかし、ほぼ全面的に「老人介護」という枠のなかに引きずり込まれている。その枠をかたちづくってきたイデオロギーやレトリックをすり抜けるその算段は、おそらく、「惚ける」という、「する」のゼロ地点にまで遡ることのなかでしか見いだされえない。が、〈老い〉が自然過程であるということは、大なり小なりひとはみな「惚け」てゆくということである。とくに記憶というものに、それは現われる。老い衰えてゆく者はしばしば、記憶の遠近法を取り崩してゆく。だれもが、遠い過去の思い出が間をとばして眼前でカレイドスコープのように舞い、漂うという事態に入ってゆく。これは「現実」との齟齬が増殖してゆくということであり、当人にとっては心身分離のような状態が膨らむということでもある。が、このなかで、つまりは「現実」の秩序の外で、というかそのただなかで、そのひとの特異性がかすかに、あるいはときにくっきりと、姿を現わす過程でもあるのだ。

鶴見俊輔が、英国の作家、E・M・フォースターが晩年に語っていたこととして、こんな言葉を紹介している。「年をとると記憶は一枚の画に近づく」というのだ。この言葉にふれた中井久夫は、その記憶論のなかで、その言葉をこうパラフレーズしている――

「二十歳の青年にとって十年の差は人生の半分に等しい。しかし六十歳の人間にとって二十歳のときの記憶と三十歳のときの記憶とはそれ以後に生きた人生の長さが四対三である。八十九歳ともなればほとんど同じ距離であろう。すなわち記憶装置は、徐々に縦並びから横並びに変わってゆくといってよいだろう。年とともに人生はクロノロジー(年代記)からパースペクティブ(遠近法)になり、最後は一枚のピクチュア(絵)になるということだ」(「発達的記憶論――外傷性記憶の位置づけを考えつつ」、『治療の聲』第二次第七号〔星和書店〕二〇〇二年)。

ひとの特異な存在というのは、そのひとにとってのじぶん自身というものではない。そのひとがそうであるところの存在の特異性とはいえるにしても、それは「かけがえのないわたし」として当人の意識のうちに回収できるようなものではない。それはしいていえば、「作る」ものではなくて「浮かび上がる」である。そう、「する」のなかではなく「ある」のなかで浮かび上がるものである。その意味では、制御不能なかたちでカレイドスコープのように漂う遠い過去の記憶たちもまた、老人そのひとにとって、たんに懐かしいというよりも、なぜそうした情景が迫ってくるのかじぶんでも了解しがたい他なる光景なのである。ひととの出会いは偶然的なものであり、その偶然的な出会いによって、ひとの生涯は編まれる。それぞれに特異な者たちのその存在の特異性とは、蜘蛛の巣にからまるように、ある構造というか偏差をもち、それを制御することはだれもできないような複雑な出会いの特異性のなかにひっかかっていることだとすれば、それを〈わたし〉の視点から一義的に見通すなどということはおよそできることではない。そういう制御不能な記憶のなかに、しかし〈わたし〉は浮かび上がってくる。わたしには見えず、他人にもわからず、しかしその傍らにいる者が「証人」にはなるようなかたちで。

ミラン・クンデラの小説『不滅』の「顔」と題した章のなかに、こんな印象深いシーンがある。ひとと待ち合わせをしたプールサイドで「私」はひとりの高齢の婦人に眼を吸い寄せられる。その婦人は、プールの水に腰あたりまで浸かって、トレーニングウェア姿の若い水泳教師を見上げている。レッスンが終わり、水着のままプール沿いに立ち去ってゆくとき、その若い教師の前を数メートル通り越したところでふと振り返って、微笑し、手で合図をする。その軽やかな身のさばきに、「私」は胸がしめつけられる。「それは身体の非＝魅力のなかに埋もれていた魅力だった」。「自分がもう美しくないと知っているにちがいなかったとしても、彼女はその瞬間にはそれを忘れていた」……。そしてこうひとりごつ。

われわれは誰しもすべて、われわれ自身のなかのある部分によって、時間を越えて生きている。たぶんわれわれはある例外的な瞬間にしか自分の年齢を意識してはいないし、たいていの時間は無年齢でいるのだ。いずれにしろ、水泳の先生のほうをふりかえり、微笑し、手で仕草をした瞬間(先生はもうこらえきれなくなり、吹きだしてしまった)、自分の年齢のことなど彼女はなにも知らなかった。その仕草のおかげで、ほんの一瞬のあいだ、時間に左右されたりするものではない彼女の魅力の本質がはっきり現れて、私を眩惑した。

「忘れなあかんこと、忘れていいこと、ほいから忘れたらあかんこと」(河瀬直美監督の映画『沙羅双樹』のなかの言葉)。これを後ろ髪引かれる想いでどうにかさばいてゆくのが人生だとすれば、クンデラの描いたご婦人は、じぶんの「現実」を忘れ、じぶん自身を忘れたところで彼女自身の特異性にふれている。

〈あなた〉は一枚の絵のなかにいた。

あとがき

〈老い〉について論じるのはたやすいことではなかった。わたしはこれまで、〈日常〉とか〈モード〉とか〈顔〉とか〈聴く〉とか〈待つ〉とか、あまり哲学で論じられなかったテーマ、哲学者の視野から外れるテーマばかりにかかずらわってきて、それらが問題として見えてこない哲学のありようというか問題構制を、あるいはそこに現われている哲学の強迫観念を批判するというスタンスをとってきたが、近年は、それとは逆に、これまでいやというほど論じられてきたはずなのに、それらの論述が総じて見過ごしている視点から、問題を論じなおすというやり方で「哲学」の仕事をしている。哲学の《臨床的転回》を試みつづけ、わたしのこれまでの仕事からすればもっとも遠い〈国家〉という主題について論じ、言語についてはオノマトペという視点から論じ、さらに二十世紀になって思想の地平から突然消えた〈所有〉についてはほぼ十数年取っ組みあいをしており未だ着地しえないでいるが、〈老い〉の問題もそのひとつだった。

〈老い〉について書くというのは、しかし、それらとは別の意味で厄介なものであった。介護についてのかつての自身の経験があまりに生々しかったということもあるし、それについて悔恨が多すぎて未だじぶんのなかでけりがついていないということもあるし、自身の老いについても刻々と思いが変わるということもあった。他のひとが書いた〈老い〉論に、限られたいくつかのものを除いて(その限られたものは本書で何度も参照している)、あえて眼を通さなかったということもある。これについては、自身の体験から論拠を紡ぎだしたかったという、現象学研究者のはしくれとしての矜持のようなものもなかったとはいえないが、とにかくじぶんの「介護」などとはとてもいえない「介護」の体験、気持ちはもつれ、屈折させていたけれども、そのコアにあるべき問題にふれることをいつも避けてきたあの時間から、すべてが済んで何も汲み出せなかったら、あの時間はいったい何だったのかという思いが高じてきたということが大きい。あのような「送り」しかできなかったじぶんにはたして〈老い〉を論じる資格があるのか……。そんな迷いをひきずっていたせいか、わたしとしてはめずらしく淡々と論じるよう心がけた気がする。はたして結果がそうなっているかは別として。

こうしたもつれた思いが背後にあったので、〈老い〉について書くよう提案してくださった弘文堂編集部の中村憲生さんには、最後の最後まで、言葉にはできないほどのご苦労をおかけした。ひとりの人間が文章を書くためにこれほどまで他のひとを振り回したということは、まことに申し訳ないかぎりである。その原著『老いの空白』が二〇〇三年にシリーズ《生きる思想》の第四巻として世に送られたときに、中村さんは帯にあえて最終章の表題「「いるだけでいい」「いつ死んでもいい」と言い切れるとき」を載せられた。この問いはまだオープンのままで、この問いを突きつめないと〈老い〉はついに空白のままで終わるぞと、ずっと伴走していただいた編集者ならではの言葉をかけていただいた思いだった。

原著の刊行から十一年ほど経ち、老いをめぐる社会状況もじわりじわり変化していったこともあって、このたびの新版を出すにあたっては、第一章にケアの現況をめぐって、大澤真幸・吉見俊哉・鷲田清一編『社会学事典』(弘文堂、二〇一二年)のために書いた項目「ケア」の記述をベースに長めの文章を書き加えた。また原著の第四章「〈老い〉の時間」にあった〈老い〉についての哲学的な時間論は、読みの流れをやや滞らせる感があると判断し、思い切って削除した。その後、別の書き物のなかで、死なれるという経験の側から人生の終末を論じたり、「超」のつく高齢化社会の孕む諸問題を未来世代の側に立って考える文章を草したりしたが、〈老い〉の空白は思想的にもまだまだ埋められていない。

ひとつ変化があったとすれば、いうまでもなくわたし自身において〈老い〉がより実感的な事実になったことである。あるときふとそれを意識した。凡庸といえば凡庸でわざわざ綴るほどのことではなく、読者には迷惑なことであろうが、備忘録のつもりで記しておく。

机に座っていて、作業の合間にふと鉛筆立てや電話の受話器に目をやる。今日まであたりまえのように手を伸ばして使ってきて、わざわざ眺めることなどなかった道具である。それが何年後になるか、いずれわたしによっては使われなくなる。物が物として無くなる。そういうことも、わたしが死ぬということに含まれているとはじめて感じたのである。台所に立って、いちいちその位置を確認しないでも摑み、使えている塩の瓶とかコップとかフライパンをあらためて手に取り、しげしげと見つめたときも、同じ思いにとらわれた。物を愛おしくおもうという経験をはじめてした。

終わりのほうから考える。そのときひとは、微かではあるにしても、物を、愛おしむようなまなざしを手に入れるのかもしれない。不在の予感が濃くなったときに、物はあらためて〈現在〉を得るということなのだろう。同じことはもちろん人についてもいえる。

「花は盛りに月は隈なきをのみ見るものかは」。知らないひとはおそらくいないだろうこの兼好法師の語りに、ひとは学ぶどころか、死を隠し、老いを遠ざけて、いよいよ「盛り」をしか見なくなってきた。いずれ「盛り」を迎える「若さ」ばかり愛でてきた。先年亡くなった中川幸夫という生け花作家は、花のいのちを最後まで見届けることにいのちを注いだひとだった。室町時代の立花に、刀剣のようにまっすぐではなく、へなへなと萎えかけている水仙にもそれなりの生け方があることを知って、しおれて用のなくなった花を集め、その花弁をぎゅうぎゅう詰めにして、「花の血」を表現した。腐肉と見まがいそうな作品である。

人であれ、物であれ、いのちを限りのほうから、終わりのほうから見ること。そのことで、わたしたちはじぶんのいのちが他のいのちとの交換のなかにあることを知らされる。ようやくそのことに気づいたのが、じぶん自身が盛りをずいぶん過ぎてからというのは、なんともぶざまなことではある。けれども、そもそもだれもが求めている幸福というものが、じつは失ってはじめてわかるもの、その渦中にあるときには見えないものであることをおもえば、それもまあ、仕方のないことなのかもしれない。

なお、今回の岩波現代文庫への収録と改訂の作業は、岩波書店編集部の中西沢子さんの厚い支えに負うものである。

二〇一四年一一月　上賀茂にて

鷲田清一

本書は二〇〇三年六月、弘文堂より刊行された。現代文庫版刊行にあたっては、大幅に加筆・修正を行った。

老いの空白

2015年1月16日　第1刷発行
2020年9月4日　第4刷発行

著　者　鷲田清一《わしだきよかず》

発行者　岡本　厚

発行所　株式会社 岩波書店
〒101-8002 東京都千代田区一ツ橋 2-5-5

案内 03-5210-4000　営業部 03-5210-4111
https://www.iwanami.co.jp/

印刷・精興社　製本・中永製本

ISBN 978-4-00-603279-1　Printed in Japan

岩波現代文庫創刊二〇年に際して

二一世紀が始まってからすでに二〇年が経とうとしています。この間のグローバル化の急激な進行は世界のあり方を大きく変えました。世界規模で経済や情報の結びつきが強まるとともに、国境を越えた人の移動は日常の光景となり、今やどこに住んでいても、私たちの暮らしは世界中の様々な出来事と無関係ではいられません。しかし、グローバル化の中で否応なくもたらされる「他者」との出会いや交流は、新たな文化や価値観だけではなく、摩擦や衝突、そしてしばしば憎悪までをも生み出しています。グローバル化にともなう副作用は、その恩恵を遥かにこえていると言わざるを得ません。

今私たちに求められているのは、国内、国外にかかわらず、異なる歴史や経験、文化を持つ「他者」と向き合い、よりよい関係を結び直してゆくための想像力、構想力ではないでしょうか。

新世紀の到来を目前にした二〇〇〇年一月に創刊された岩波現代文庫は、この二〇年を通して、哲学や歴史、経済、自然科学から、小説やエッセイ、ルポルタージュにいたるまで幅広いジャンルの書目を刊行してきました。一〇〇〇点を超える書目には、人類が直面してきた様々な課題と、試行錯誤の営みが刻まれています。読書を通した過去の「他者」との出会いから得られる知識や経験は、私たちがよりよい社会を作り上げてゆくために大きな示唆を与えてくれるはずです。

一冊の本が世界を変える大きな力を持つことを信じ、岩波現代文庫はこれからもさらなるラインナップの充実をめざしてゆきます。

（二〇二〇年一月）

S250
中華万華鏡
辻康吾
庶民の日常生活から国際紛争への対処まで様々な事象の背景をなす中華世界の容易に変わらない深層を探り、中国理解のための鍵を提供する。岩波現代文庫オリジナル版。

S251
ことばを鍛えるイギリスの学校
―国語教育で何ができるか―
山本麻子
幼い頃から自分の力で考え、論理を築き、説得的に表現できるよう日々鍛えられる英国の子どもたち。密度の濃い国語教育の実態を具体的に紹介する最新改訂版。

S252
孤独死
―被災地で考える人間の復興―
額田勲
大震災をようやく生きのびた人びとが、仮設住宅で、誰にもみとられずに亡くなっていくのは何故か。日本社会の弱者切り捨ての実態に迫る渾身のレポート。〈解説〉上昌広

S253
日本の空をみつめて
―気象予報と人生―
倉嶋厚
気象と文化をめぐるエッセイ。身近な「天気」と人生との関わりを俳句や故事成語を交えて語る思索の旅。気象予報の現場で長年活躍してきた著者の到達点。

S254
〈子どもとファンタジー〉コレクションⅠ
子どもの本を読む
河合隼雄
河合俊雄編
「読まないと損だよ」。心理療法家が、大人にも子どもにもできるだけ多くの人に読んでもらいたい児童文学の傑作を紹介する。〈解説〉石井睦美

S255
〈子どもとファンタジー〉コレクションⅡ ファンタジーを読む
河合隼雄
河合俊雄編
ファンタジー文学は空想への逃避ではなく、時に現実への挑戦ですらある。心理療法家が、ル＝グウィンら八人のすぐれた作品を読む。〈解説〉河合俊雄

S256
〈子どもとファンタジー〉コレクションⅢ 物語とふしぎ
河合隼雄
河合俊雄編
人は深い体験を他の人に伝えるために物語をつくった。児童文学の名作を紹介しつつ、子どもと物語を結ぶ「ふしぎ」について考える。〈解説〉小澤征良

S257
〈子どもとファンタジー〉コレクションⅣ 子どもと悪
河合隼雄
河合俊雄編
創造的な子どもを悪とすることがある。理屈ぬきに許されない悪もある。悪という永遠のテーマを、子どもの問題として深く問い直す。〈解説〉岩宮恵子

S258
〈子どもとファンタジー〉コレクションⅤ 大人になることのむずかしさ
河合隼雄
河合俊雄編
カウンセラーとしての豊かな体験をもとに、現代の青年が直面している諸問題を掘り下げ、大人がつきつけられている課題を探る。〈解説〉土井隆義

S259
〈子どもとファンタジー〉コレクションⅥ 青春の夢と遊び
河合隼雄
河合俊雄編
文学作品を素材に、青春の現実、夢、遊び、性、挫折、死、青春との別離などを論じ、人間としての成長、生きる意味について考える。〈解説〉河合俊雄

S260
世阿弥の言葉
―心の糧、創造の糧―
土屋恵一郎

世阿弥の花伝書は人気を競う能の戦略書である。能役者が年齢とともに試練を乗り超えるためのその言葉は、現代人の心に響く。

S261
戦争とたたかう
―憲法学者・久田栄正のルソン戦体験―
水島朝穂

軍隊での人間性否定に抵抗し、凄惨な戦場でも戦争に抗い続けられたのはなぜか。稀有な従軍体験を経て、平和憲法に辿りつく感動の軌跡。いま戦場を再現・再考する。

S262
過労死は何を告発しているか
―現代日本の企業と労働―
森岡孝二

なぜ日本人は死ぬまで働くのか。株式会社論、労働時間論の視角から、働きすぎのメカニズムを検証し、過労死を減らす方策を展望する。

S263
ゾルゲ事件とは何か
チャルマーズ・ジョンソン
篠﨑務訳

尾崎秀実とリヒアルト・ゾルゲはいかに出会い、なぜ死刑となったか。本書は二人の人間像を解明し、事件の全体像に迫った名著増補版の初訳。〈解説〉加藤哲郎

S264
あたらしい憲法のはなし 他二篇
―付 英文対訳日本国憲法―
高見勝利編

日本国憲法が公布、施行された年に作られた「あたらしい憲法のはなし」「新しい憲法 明るい生活」「新憲法の解説」の三篇を収録。

S265
日本の農山村をどう再生するか
保母武彦

過疎地域が蘇えるために有効なプログラムが求められている。本書は北海道下川町、島根県海士町など全国の先進的な最新事例を紹介し、具体的な知恵を伝授する。

S266
古武術に学ぶ身体操法
甲野善紀

桑田投手が復活した要因とは何か。「ためない、ひねらない、うねらない」、著者が提唱する身体操法は、誰もが驚く効果を発揮して各界の注目を集める。〈解説〉森田真生

S267
都立朝鮮人学校の日本人教師
―一九五〇―一九五五―
梶井陟

朝鮮人の子どもたちにも日本人の子どもたちと同じように学ぶ権利がある！　冷戦下、廃校への圧力に抗して闘った貴重な記録。〈解説〉田中宏

S268
医学するこころ
―オスラー博士の生涯―
日野原重明

近代アメリカ医学の開拓者であり、患者の心を大切にした医師、ウィリアム・オスラー。その医の精神と人生観を範とした若き医学徒だった筆者の手になる伝記が復活。

S269
喪の途上にて
―大事故遺族の悲哀の研究―
野田正彰

かけがえのない人の突然の死を、遺された人はどう受け容れるのか。日航ジャンボ機墜落事故などの遺族の喪の過程をたどり、悲しみの意味を問う。

S270
時代を読む
―「民族」「人権」再考―
加藤周一
樋口陽一

「解釈改憲」の動きと日本の人権と民主主義の状況について、二人の碩学が西欧、アジアをふまえた複眼思考で語り合う白熱の対論。

S271
「日本国憲法」を読み直す
井上ひさし
樋口陽一

日本国憲法は押し付けられたもので時代にそぐわないから改正すべきか？　同年生まれで敗戦の少国民体験を共有する作家と憲法学者が熱く語り合う。

S272
関東大震災と中国人
―王希天事件を追跡する―
田原洋

関東大震災の時、虐殺された日本在住中国人のリーダーで、周恩来の親友だった王希天の死の真相に迫る。政府ぐるみの隠蔽工作を明らかにするドキュメンタリー。改訂版。

S273
NHKと政治権力
―番組改変事件当事者の証言―
永田浩三

NHK最高幹部への政治的圧力で慰安婦問題を扱った番組はどう改変されたか。プロデューサーによる渾身の証言はNHKの現在をも問う。各種資料を収録した決定版。

S274-275
丸山眞男座談セレクション（上・下）
丸山眞男
平石直昭編

人と語り合うことをこよなく愛した丸山眞男氏。知性と感性の響き合うこれら闊達な座談の中から十七篇を精選。類いまれな同時代史が立ち上がる。

2020.8

S276
ひとり起つ
―私の会った反骨の人―
鎌田　慧

組織や権力にこびずに自らの道を疾走し続けた著名人二二人の挑戦。灰谷健次郎、家永三郎、戸村一作、高木仁三郎、斎藤茂男他、今も傑出した存在感を放つ人々との対話。

S277
民意のつくられかた
斎藤貴男

原発への支持や、道路建設、五輪招致など、国策・政策の遂行にむけ、いかに世論が誘導・操作されるかを浮彫りにした衝撃のルポ。

S278
インドネシア・スンダ世界に暮らす
村井吉敬

激変していく直前の西ジャワ地方に生きる市井の人々の息遣いが濃厚に伝わる希有な現地調査と観察記録。一九七八年の初々しい著者デビュー作。〈解説〉後藤乾一

S279
老いの空白
鷲田清一

〈老い〉はほんとうに「問題」なのか？　身近な問題を哲学的に論じてきた第一線の哲学者が、超高齢化という現代社会の難問に挑む。

S280
チェンジング・ブルー
―気候変動の謎に迫る―
大河内直彦

地球の気候はこれからどう変わるのか。謎の解明にいどむ科学者たちのドラマをスリリングに描く。講談社科学出版賞受賞作。
〈解説〉成毛　眞

S281
ゆびさきの宇宙
福島智・盲ろうを生きて
生井久美子
盲ろう者として幾多のバリアを突破してきた東大教授・福島智の生き方に魅せられたジャーナリストが密着、その軌跡と思想を語る。

S282
釜ケ崎と福音
—神は貧しく小さくされた者と共に—
本田哲郎
神の選びは社会的に貧しく小さくされた者の中にこそある！ 釜ケ崎の労働者たちと共に二十年を過ごした神父の、実体験に基づく独自の聖書解釈。

S283
考古学で現代を見る
田中琢
新発掘で本当は何が「わかった」といえるか？ 考古学とナショナリズムとの危うい関係とは？ 発掘の楽しさと現代とのかかわりを語るエッセイ集。〈解説〉広瀬和雄

S284
家事の政治学
柏木博
急速に規格化・商品化が進む近代社会の軌跡と重なる「家事労働からの解放」の夢。家庭という空間と国家、性差、貧富などとの関わりを浮き彫りにする社会論。

S285
河合隼雄の読書人生
—深層意識への道—
河合隼雄
臨床心理学のパイオニアの人生に影響をおよぼした本とは？ 読書を通して著者が自らの人生を振り返る、自伝でもある読書ガイド。〈解説〉河合俊雄

S286
平和は「退屈」ですか
―元ひめゆり学徒と若者たちの五〇〇日―
下嶋哲朗

沖縄戦の体験を、高校生と大学生が語り継ぐプロジェクトの試行錯誤の日々を描く。社会人となった若者たちに改めて取材した新稿を付す。

S287
野口体操入門
―からだからのメッセージ―
羽鳥操

「人間のからだの主体は脳でなく、体液である」という身体哲学をもとに生まれた野口体操。その理論と実践方法を多数の写真で解説。

S288
日本海軍はなぜ過ったか
―海軍反省会四〇〇時間の証言より―
澤地久枝
半藤一利
戸髙一成

勝算もなく、戦争へ突き進んでいったのはなぜか。「勢いに流されて――」。いま明かされる海軍トップエリートたちの生の声。肉声の証言がもたらした衝撃をめぐる白熱の議論。

S289-290
アジア・太平洋戦争史(上・下)
―同時代人はどう見ていたか―
山中恒

いったい何が自分を軍国少年に育て上げたのか。三〇年来の疑問を抱いて、戦時下の出版物を渉猟し書き下ろした、あの戦争の通史。

S291
戦下のレシピ
―太平洋戦争下の食を知る―
斎藤美奈子

十五年戦争下の婦人雑誌に掲載された料理記事を通して、銃後の暮らしや戦争について知るための「読めて使える」ガイドブック。文庫版では占領期の食糧事情について付記した。

2020.8

岩波現代文庫［社会］

S292
食べかた上手だった日本人
―よみがえる昭和モダン時代の知恵―
魚柄仁之助

八〇年前の日本にあった、モダン食生活のユートピア。食料クライシスを生き抜くための知恵と技術を、大量の資料を駆使して復元！

S293
新版 報復ではなく和解を
―ヒロシマから世界へ―
秋葉忠利

長年、被爆者のメッセージを伝え、平和活動を続けてきた秋葉忠利氏の講演録。好評を博した旧版に三・一一以後の講演三本を加えた。

S294
新島襄
和田洋一

キリスト教を深く理解することで、日本の近代思想に大きな影響を与えた宗教家・教育家、新島襄の生涯と思想を理解するための最良の評伝。〈解説〉佐藤 優

S295
戦争は女の顔をしていない
スヴェトラーナ・アレクシエーヴィチ
三浦みどり訳

ソ連では第二次世界大戦で百万人をこえる女性が従軍した。その五百人以上にインタビューした、ノーベル文学賞作家のデビュー作にして主著。〈解説〉澤地久枝

S296
ボタン穴から見た戦争
―白ロシアの子供たちの証言―
スヴェトラーナ・アレクシエーヴィチ
三浦みどり訳

一九四一年にソ連白ロシアで十五歳以下の子供だった人たちに、約四十年後、戦争の記憶がどう刻まれているかをインタビューした戦争証言集。〈解説〉沼野充義

2020. 8

S297
フードバンクという挑戦
—貧困と飽食のあいだで—
大原悦子
食べられるのに捨てられてゆく大量の食品。一方に、空腹に苦しむ人びと。両者をつなぐフードバンクの活動の、これまでとこれからを見つめる。

S298
いのちの旅
「水俣学」への軌跡
原田正純
水俣病公式確認から六〇年。人類の負の遺産「水俣」を将来に活かすべく水俣学を提唱した著者が、様々な出会いの中に見出した希望の原点とは。〈解説〉花田昌宣

S299
紙の建築 行動する
—建築家は社会のために何ができるか—
坂茂
地震や水害が起きるたび、世界中の被災者のもとへ駆けつける建築家が、命を守る建築の誕生とその人道的な実践を語る。カラー写真多数。

S300
犬、そして猫が生きる力をくれた
—介助犬と人びとの新しい物語—
大塚敦子
保護された犬を受刑者が介助犬に育てるという米国での画期的な試みが始まって三〇年。保護猫が刑務所で受刑者と暮らし始めたこと、元受刑者のその後も活写する。

S301
沖縄 若夏の記憶
大石芳野
戦争や基地の悲劇を背負いながらも、豊かな風土に寄り添い独自の文化を育んできた沖縄。その魅力を撮りつづけてきた著者の、珠玉のフォトエッセイ。カラー写真多数。

岩波現代文庫［社会］

S302
機会不平等
斎藤貴男

機会すら平等に与えられない〝新たな階級社会の現出〟を粘り強い取材で明らかにした衝撃の著作。最新事情をめぐる新章と、森永卓郎氏との対談を増補。

S303
私の沖縄現代史
—米軍支配時代を日本〈ヤマト〉で生きて—
新崎盛暉

敗戦から返還に至るまでの沖縄と日本の激動の同時代史を、自らの歩みと重ねて描く。日本〈ヤマト〉で「沖縄を生きた」半生の回顧録。岩波現代文庫オリジナル版。

S304
私の生きた証はどこにあるのか
—大人のための人生論—
H.S.クシュナー
松宮克昌訳

私の人生にはどんな意味があったのか？ 人生の後半を迎え、空虚感に襲われる人々に旧約聖書の言葉などを引用し、悩みの解決法を提示。岩波現代文庫オリジナル版。

S305
戦後日本のジャズ文化
—映画・文学・アングラ—
マイク・モラスキー

占領軍とともに入ってきたジャズは、アメリカそのものだった！ 映画、文学作品等の中のジャズを通して、戦後日本社会を読み解く。

S306
村山富市回顧録
薬師寺克行編

戦後五五年体制の一翼を担っていた日本社会党は、その誕生から常に抗争を内部にはらんでいた。その最後に立ち会った元首相が見たものは。

岩波現代文庫[社会]

S307
大逆事件
―死と生の群像―
田中伸尚

天皇制国家が生み出した最大の思想弾圧「大逆事件」。巻き込まれた人々の死と生を描き出し、近代史の暗部を現代に照らし出す。〈解説〉田中優子

S308
「どんぐりの家」のデッサン
漫画で障害者を描く
山本おさむ

かつて障害者を漫画で描くことはタブーだった。漫画家としての著者の経験から考えてきた、障害者を取り巻く状況を、創作過程の試行錯誤を交え、率直に語る。

S309
鎖塚
―自由民権と囚人労働の記録―
小池喜孝

北海道開拓のため無残な死を強いられた囚人たちの墓、鎖塚。犠牲者は誰か。なぜその地で死んだのか。日本近代の暗部をあばく迫力のドキュメント。〈解説〉色川大吉

S310
聞き書 野中広務回顧録
御厨貴
牧原出 編

二〇一八年一月に亡くなった、平成の政治をリードした野中広務氏が残したメッセージ。五五年体制が崩れていくときに自民党の中で野中氏が見ていたものは。〈解説〉中島岳志

S311
不敗のドキュメンタリー
―水俣を撮りつづけて―
土本典昭

『水俣―患者さんとその世界―』『医学としての水俣病』『不知火海』などの名作映画の作り手の思想と仕事が、精選した文章群から甦る。〈解説〉栗原彬

2020. 8

S312
増補 隔離
―故郷を追われたハンセン病者たち―
徳永進

らい予防法が廃止され、国の法的責任が明らかになった後も、ハンセン病隔離政策が終わり解決したわけではなかった。回復者たちの現在の声をも伝える増補版。〈解説〉宮坂道夫

S313
沖縄の歩み
国場幸太郎
新川明
鹿野政直 編

米軍占領下の沖縄で抵抗運動に献身した著者が、復帰直後に若い世代に向けてやさしく説き明かした沖縄通史。幻の名著がいま蘇る。〈解説〉新川明・鹿野政直

S314
ぼくたちはこうして学者になった
―脳・チンパンジー・人間―
松本元
松沢哲郎

「人間とは何か」を知ろうと、それぞれ新たな学問を切り拓いてきた二人は、どのような生い立ちや出会いを経て、何を学んだのか。

S315
ニクソンのアメリカ
―アメリカ第一主義の起源―
松尾文夫

白人中産層に徹底的に迎合する内政と、中国との和解を果たした外交。ニクソンのしたたかな論理に迫った名著を再編集した決定版。〈解説〉西山隆行

S316
負ける建築
隈研吾

コンクリートから木造へ。「勝つ建築」から「負ける建築」へ。新国立競技場の設計に携わった著者の、独自の建築哲学が窺える論集。

S317
全盲の弁護士　竹下義樹
小林照幸
視覚障害をものともせず、九度の挑戦を経て弁護士の夢をつかんだ男、竹下義樹。読む人の心を揺さぶる傑作ノンフィクション！

S318
一粒の柿の種
―科学と文化を語る―
渡辺政隆
身の回りを科学の目で見れば…。その何と楽しいことか！　文学や漫画を科学の目で楽しむコツを披露。科学教育や疑似科学にも一言。〈解説〉最相葉月

S319
聞き書　緒方貞子回顧録
野林健
納家政嗣編
「人の命を助けること」、これに尽きます――。国連難民高等弁務官をつとめ、「人間の安全保障」を提起した緒方貞子。人生とともに、世界と日本を語る。〈解説〉中満　泉

S320
「無罪」を見抜く
―裁判官・木谷明の生き方―
木谷　明
山田隆司
嘉多山宗聞き手・編
有罪率が高い日本の刑事裁判において、在職中いくつもの無罪判決を出し、その全てが確定した裁判官は、いかにして無罪を見抜いたのか。〈解説〉門野　博

S321
聖路加病院　生と死の現場
早瀬圭一
医療と看護の原点を描いた『聖路加病院で働くということ』に、緩和ケア病棟での出会いと別れの新章を増補。〈解説〉山根基世

2020. 8